MARCEL REMUS

ALLES ANDERS ALS ALLE ANDEREN

MEIN ERFOLGSGEHEIMNIS – UND WIE AUCH DU ES SCHAFFEN KANNST

FBV

Bibliografische Information der Deutschen Nationalbibliothek
Die Deutsche Nationalbibliothek verzeichnet diese Publikation in der Deutschen Nationalbibliografie. Detaillierte bibliografische Daten sind im Internet über http://dnb.d-nb.de abrufbar.

Für Fragen und Anregungen
info@finanzbuchverlag.de

1. Auflage 2019

Nymphenburger Straße 86
D-80636 München
Tel.: 089 651285-0
Fax: 089 652096

Redaktion: Caroline Kazianka
Korrektorat: Anja Hilgarth
Umschlaggestaltung: Marc-Torben Fischer
Umschlagfoto: Nadine Dilly
Satz: ZeroSoft, Timisoara
Druck: GGP Media GmbH, Pößneck
Printed in Germany

ISBN Print 978-3-95972-178-3
ISBN E-Book (PDF) 978-3-96092-326-8
ISBN E-Book (EPUB, Mobi) 978-3-96092-327-5

INHALT

VORWORT

Ich habe lange darüber nachgedacht, ob es wirklich Sinn macht, mit 32 Jahren bereits ein Buch zu schreiben. Nachdem ich jedoch unglaublich viele E-Mails und Briefe von Menschen aus ganz Deutschland erhalten habe (siehe zum Beispiel der Brief eines Fans auf Seite 11), die immer wieder wissen wollten, wie mein bisheriges Leben verlaufen ist und wie ich es besonders in den letzten Jahren inmitten der Weltwirtschaftskrise von 2008/2009 geschafft habe, dorthin zu gelangen, wo ich nun stehe, habe ich mich entschieden, meinen Werdegang in Worte zu fassen und meine Erlebnisse aufzuschreiben.

Ein Kunde sagte einmal zu mir, ich wäre mit großer Wahrscheinlichkeit der jüngste selbstständige Luxusimmobilienmakler in Europa. Der Fernsehsender RTL hat genau dasselbe in meinen ersten TV-Beiträgen getextet. Das mag sein, aber auch wenn mein Werbeslogan zu Beginn meiner Karriere »Mein Alter ist Ihr Vorteil« hieß, habe ich mir in den letzten Jahren gar nicht so viele Gedanken über mein Alter gemacht. Ich habe einfach zielstrebig gehandelt, ohne viel zu überlegen. Ich hatte immer den eisernen Willen, etwas in meinem Leben zu erreichen und erfolgreich zu werden. Was dann innerhalb so kurzer Zeit daraus entstanden ist, hätte ich mir selbst nie erträumt. Was Erfolg für mich persönlich bedeutet und wie ich dieses Wort definiere, erläutere ich auf den folgenden Seiten.

Jeder kann es schaffen, wenn er es will! Wenn du etwas haben möchtest, was du noch nie gehabt hast, musst du etwas tun, was du noch nie getan hast. Und genau wenn du diesen Punkt erreichst, musst du noch eins draufsetzen. Denkst du dann, dass du nicht mehr kannst, fängt es erst an, richtig loszugehen. Eigentlich wie im Fitnessstudio (ich muss, während ich dies schreibe, selbst etwas schmunzeln): Möchtest du, dass der Bizeps wächst, musst du die Belastung erhöhen und bis ans Limit gehen, bis es nicht mehr geht. Genauso hart und noch härter musst du für deinen beruflichen Erfolg arbeiten. Alles geben! Und denk daran, der Muskel wächst nur, wenn du jeden Tag aufs Neue und regelmäßig trainierst. Der Erfolg stellt sich lediglich ein, wenn du tagtäglich und langfristig immer alles gibst.

Es gibt so viele Speaker, Motivationstrainer, Unternehmer, Erfolgscoaches, die Bücher zu den Themen Erfolg, Strategien, Selbstständigkeit, Business, Selbstvermarktung und vielen weiteren auf den Markt gebracht haben. Wahrscheinlich sind 99 Prozent dieser Bücher ganz gut und können den Leser im Leben weiterbringen. Ich selbst habe aber ein großes Problem damit, Tipps und Tricks von jemandem zu bekommen, von dem ich gar nicht weiß, ob er das, von dem er erzählt, auch tatsächlich erreicht hat. Haben diese Menschen wirklich eigene Firmen aufgebaut, wissen sie, wovon sie reden, oder können sie einfach nur gut reden? Wissen sie, wie es ist, wenn man mit dem Gedanken spielt, sich selbstständig zu machen, aber gar nicht weiß, womit man anfangen soll? Wissen diese angeblich erfolgreichen Sprecher und Coaches, wie man sich fühlt, wenn man den Schritt in die Selbstständigkeit wagt, aber dann nicht einen einzigen Euro Umsatz macht? So ging es mir zum Beispiel. Zu Beginn meiner Selbstständigkeit hatte ich zeitweise kein Geld mehr in meinem Portemonnaie und musste am 20. des Monats alles auf Pump über meine Kreditkarte kaufen – obwohl ich nicht wusste, wie ich all das am Ende des Monats überhaupt bezahlen sollte. Das sind Erfahrungen, die wichtig sind im Leben. Die möchte man zwar nicht unbedingt machen, aber nur so lernt man und wächst dann auch mit seinen Aufgaben.

Meine ersten Karriereschritte und meine gesamte berufliche Laufbahn, meine professionelle und persönliche Entwicklung, all das halte ich ganz transparent wie kaum ein anderer Unternehmer. Es lässt sich bei Google oder auf meinen Social-Media-Plattformen wie Facebook oder Instagram verfolgen und nachvollziehen. Meine Follower nehme ich jeden Tag mit. Egal, ob in den Arbeitsalltag oder auf Events. Egal ob es gut läuft oder weniger gut. Egal, ob ich gut gelaunt bin oder nicht. (Obwohl es richtig schlechte Laune bei mir nicht wirklich gibt. Mein Motto ist: Du bist selbst schuld, wenn du morgens mit schlechter Laune in den Tag startest.) Jeder kann sehen, wenn ich neue Häuser auf Mallorca ins Portfolio aufnehme, oder wie viel Spaß ich mit meinem kleinen Team, meiner Mutter Silke und meiner Assistentin Bettina im Büro habe, während wir Buchhaltung machen. Jeder kann mitverfolgen, wenn ich zur Elton-John-Sommerparty nach London fliege und mit Victoria Beckham lustige Hundeohren-Boomerang-Videos mache.

Mein Ziel ist es, anderen Menschen, ob jung oder alt, zu zeigen, dass alles möglich ist, wenn man fest daran glaubt und hart dafür arbeitet. Ich hoffe natürlich, dass du als Leser etwas für deine persönliche Weiterentwicklung aus der Lektüre des Buches mitnehmen kannst. Dass meine Geschichte dich motiviert und dich in dem, was du tust und erreichen willst, beflügelt. Ich hoffe, dass du durch den einen oder anderen Tipp in Zukunft viel Erfolg haben wirst und mit deiner Lebenssituation in Einklang leben kannst! Viel Spaß und Freude beim Lesen und schick mir über meine Social-Media-Kanäle gerne Feedback und deine Erfahrungen. Ich wünsche dir von Herzen alles erdenklich Gute!

»Wach auf, dein Leben wartet!«
Marcel Remus

BRIEF EINES FANS

»Gravierende Wirtschaftskrise, weitere Rationalisierung, immer weniger Ausbildungsplätze, ansteigende Arbeitslosenzahlen ...«

Hallo,

ich weiß nicht, ob diese Nachricht jemals bei Ihnen, Marcel Remus, ankommt.

Ich habe ein Problem!

Die Punkte aus dem Zitat oben, die ich in einem Interview mit Ihnen im Internet gelesen habe, finde ich krass und auch mir liegen diese schwer im Magen.

Ich habe Bauzeichner gelernt und studiere Architektur nun im 5. Semester.

Ist alles so weit okay ... nur, was passiert nach dem Studium?

»Power, Ehrgeiz, Zielstrebigkeit, Disziplin, Ausdauer, den eisernen Willen, wirklich etwas erreichen zu wollen« – all das habe ich.

Nur ist die Frage, wie ich diese Eigenschaften nach meinem Studium auch nutzen und im Beruf einsetzen kann. Neben dem

Studium arbeite ich im Büro, mache viel Sport, bin kerngesund, habe Power ohne Ende, aber: Wie kanalisiere ich meine Energie?

Wie kann ich meinem Beruf wirklich erfolgreich werden?

Muss ich meine Fähigkeiten noch mit etwas Besonderem ergänzen?

Sollte ich noch mal was ganz anderes machen?

Inwiefern lässt sich meine Ausbildung mit Immobilien verbinden, oder sollte ich in diesem Bereich noch eine Ausbildung machen?

Fragen über Fragen!

Ich brauche Tipps!!! Sie sind mein Vorbild!

Ich bitte Sie so sehr um eine Antwort!

Ich bedanke mich schon jetzt für Ihre Hilfe.

Mit freundlichen Grüßen,
M. Bauer (Name anonymisiert)

WER NICHT WAGT, DER NICHT GEWINNT

»Was willst du tun? Dich selbstständig machen? Nein, nein, nein. Die Welt steckt mitten in der Krise. In der Weltwirtschaftskrise! Viele Menschen werden zugrunde gehen. Millionen Unternehmen werden ihre Pforten schließen, Arbeitsplätze streichen, Mitarbeiter entlassen, Löhne kürzen. Das ist nun wahrlich nicht der richtige Moment, um eine eigene Firma zu gründen.«

»Du bist viel zu jung, du hast keine Lebenserfahrung, du kennst dich nicht genügend aus in der Branche. Viel zu leichtsinnig. Du weißt doch gar nicht, was es heißt, solch eine große Verantwortung zu übernehmen und ein eigenes Unternehmen mit Mitarbeitern zu führen.«

»Noch ein Immobilienmakler auf Mallorca – als würde es nicht schon genug davon geben. Jetzt tu nicht so, als hättest du den Beruf des Maklers auf Mallorca neu erfunden. Das klappt niemals.«

»Mensch, Junge, lern doch was Gescheites. Schau dir die gescheiterten Existenzen auf Mallorca an, die ständig im Fernsehen zu sehen sind. Du wirst genauso enden, und das schon in deinen jungen Jahren.«

»Kein erfolgreicher Unternehmer wird seine Millionen bei dir investieren, um eine Villa auf der Deutschen liebsten Ferieninsel zu kaufen. Du bist zu spät dran, das große Geld haben die alteingesessenen Makler schon lange gemacht. Der Zeitpunkt, um sich in diesem hart umkämpften Markt einen Namen machen zu wollen, ist katastrophal schlecht.«

»Bedenke die Sprachbarriere.«

»Irgendwann ist auf Mallorca der Immobilienboom vorbei und dann stehst du vor dem Aus.«

»Das Leben auf Mallorca ist viel zu teuer. Bleib lieber in Deutschland, da weißt du, was du hast – besonders in Bezug auf Rente, Versicherung oder in schlechten Zeiten auch Hartz IV.«

So könnte ich noch einige Zeit weiterschreiben, denn die Liste der Argumente von den Menschen, die niemals an mich geglaubt haben, war unendlich lang! Ich gebe zu, es gab auch Argumente von diesen »Schlecht-Rednern«, die nicht ganz falsch waren. Gut, den Hartz-4-Gedanken kann ich überhaupt nicht nachvollziehen. Aber natürlich kommt man ins

Grübeln, wenn Gott und die Welt auf einmal gegen all das sind, was man vorhat. Egal, wen man um Rat bittet, alle sagen »Nein, tu das nicht«, alle sind für null Risiko. Aber wie soll man es denn dann zu etwas bringen? In meinem Fall konnte niemand meiner Idee etwas abgewinnen, mich selbstständig zu machen.

Ein Leben lang als Angestellter von morgens 8 Uhr bis abends 17 Uhr in einem Büro arbeiten? Jeden Tag der gleiche Trott? Würde mich das wirklich glücklich machen? Würde mich das motivieren? Ich finde es total okay, wenn andere Menschen nicht den Anreiz spüren oder diese extreme Motivation haben, beruflich etwas in ihrem Leben zu erreichen. Es gibt Menschen, die wollen diesen Stress, diesen Druck und diese Ungewissheit gar nicht. Die tun sich schwer damit, nicht genau zu wissen, wie es weitergeht und wie viel Geld sie am Ende des Monats verdienen. Doch ich muss sagen, je mehr Geld ich monatlich auf Provisionsbasis verdienen kann, desto mehr bin ich bereit zu rennen. Ich würde um mein Leben rennen. Erfolg spornt mich an, Geld auch! Zum Glück habe ich mich bisher immer auf mein eigenes Bauchgefühl verlassen. Seit dem ersten Tag! Auch völlig verrückt. In jedem Interview werde ich gefragt, wer mein Mentor ist. Wen ich um Rat frage. Wer mir bei wichtigen Entscheidungen zur Seite steht. Aber gerade dann, wenn es um die Wurst geht, entscheide ich selbst. Ganz allein. Und genau das halte ich auch für richtig, denn wenn ich was verbocke, bin ich selbst zu 100 Prozent dafür verantwortlich und muss die Schuld auf mich nehmen. Ich habe immer auf meinen Instinkt gehört. Und damit lag ich bisher zu 99 Prozent richtig.

Jeder von uns fällt jeden Tag Hunderte von Entscheidungen. Die meisten davon sind nicht wirklich bedeutend: Ziehe ich heute eine Jeans an oder eine Stoffhose? Frühstücke ich auf dem Weg zur Arbeit oder gemütlich zu Hause? Andere Entscheidungen sind erheblich wichtiger: Welchen Beruf will ich ausüben? Möchte ich im Norden oder im Süden der Republik leben? Wenn man ehrlich ist, treffen wir die meisten Entscheidungen über den Tag verteilt aus dem Bauch heraus. Unser Bauchgefühl, unsere Intuition sagt uns hoffentlich, was richtig ist. Das habe ich schon immer so getan. Ich reflektiere, hinterfrage mich selbst und treffe eine Entscheidung. Sicherlich überlegen und reflektieren viele Menschen so lange, dass sie ihre Entscheidungen dann oftmals im falschen Moment treffen. Aber genau das ist Sache des eigenen Talents und des richtigen Bauchgefühls, eine Entscheidung im passenden Moment zu treffen. Zur richtigen Zeit am richtigen Ort. Viele Menschen sind generell unsicher und haben ein Problem damit, eine Entscheidung zu treffen. Sie sind wie eine Fahne im Wind. Heute so, morgen so und übermorgen wieder ganz anders. Solche Menschen werden im Leben nicht weit kommen. Das sind auch genau die Menschen, die dann, wenn etwas mal nicht so geklappt hat, alles bereits schlau vorhergesehen haben. Das konnte ja nichts werden. Statt zuzugeben, dass es eben anders gekommen ist als geplant, das Beste daraus zu machen und es einfach noch mal zu probieren, stecken diese Menschen ihren Kopf in den Sand und brauchen bei ihrer nächsten Entscheidung noch mehr Zeit.

Gelernt habe ich in den letzten Jahren auch, dass ich keine wichtigen Entscheidungen mehr aus einer Emotion heraus treffe. Wenn etwas wirklich wichtig ist, versuche ich, die Entscheidung auf den nächsten Tag zu legen. Über eine große Entscheidung muss man mit Ruhe und Verstand nachdenken können. Man muss sein Bauchgefühl abfragen. Und das ist nicht aus der Emotion heraus möglich.

Es gibt keine falschen Entscheidungen. Keine zu treffen ist jedoch ein gravierender Fehler!

Ich habe in den zwölf Jahren, in denen ich nun auf Mallorca lebe, unglaublich viele Menschen kommen und gehen sehen. Oftmals echt gute Menschen, erfolgreiche Menschen, zumindest bevor sie auf der Insel ankamen. Viele hatten tolle Geschäftsideen und haben ein Vermögen investiert, um diese Idee wahr werden zu lassen. Mallorca ist jedoch ein sehr hartes Pflaster. Wer es dort schafft, kommt überall zurecht. Wer sich auf dieser Ferieninsel durchschlägt, und das über längere Zeit, der kann sich darauf echt etwas einbilden. Trotzdem sind viele fähige Menschen wieder dahin zurückgekehrt, wo sie herkamen. Oftmals von heute auf morgen. Plötzlich vom Erdboden verschluckt. Der häufigste Grund dafür, dass diese Menschen sehr schnell wieder verschwunden sind und ihr Big Business sich nicht positiv entwickelt hat, war die Tatsache, dass sie sich das Leben auf Mallorca einfacher vorgestellt hatten. Sicherlich scheint an fast 300 Tagen die Sonne und man hat beinahe überall das Meer vor der Haustüre. Trotzdem muss man hart arbeiten. Ich behaupte sogar, dass man härter arbeiten muss als in Deutschland, wenn man es auf Mallorca zu etwas bringen möchte. Wenn ich in den Sommermonaten morgens ins Büro fahre, laufen mir Hunderte Menschen in Badehose, mit Flipflops und einem Sonnenschirm entgegen, die alle an den Strand pilgern. Jogge ich abends nach der Arbeit noch schnell durch den Luxushafen von Puerto Portals und verteile meine *MR-LIFESTYLE*-Magazine, damit darüber hoffentlich neue Käufer für Immobilien kommen, sehe ich die Schönen und Reichen, die sich die feinsten kulinarischen Köstlichkeiten oder eine Flasche Champagner nach der anderen bestellen. Und wenn ich sonntags mal kurz ins legendäre, aber genauso berühmt-berüchtigte Nikki Beach am Strand von Magaluf gehe, sehe ich einige reiche Söhnchen, die in ihrem Leben noch keine 100 Euro selbst verdient haben, aber ganz groß auf Luxus-Lifestyle mitmachen und sich und ihren Freunden einen schönen und sehr teuren Nachmittag bescheren. Das Ganze oftmals inklusive Champagner-Duschen für mehrere 1000 Euro. Meinen Kumpel freut es, der ist nämlich VIP-Chef in diesem Beach Club und erzählt mir immer die skurrilsten Geschichten der Society, die dort feiert.

Für mich war stets das Wichtigste im Leben, dass man zu jeder Sekunde Spaß daran hat, was man tut. So war mir bereits in der fünften Klasse klar, dass ich niemals Mathematiklehrer werden würde, schon gar kein Physiker. Chemie konnte ich Gott sei Dank abwählen. In Mathe habe ich mich die ganze Zeit gequält. Es war der Horror. Und ich habe mich immer und immer wieder gefragt: »Wofür werde ich jemals Kurvenberechnung, Wurzelziehen und Differentialrechnung benötigen?« Die Wahrscheinlichkeit, dass ich beruflich einmal in diesen Bereich rutschen würde, war für mich schon in den ersten Schuljahren bei null. Aber ich musste mich auch durchbeißen, und das war meist gut so. Es gibt Dinge im Leben, die man nicht oder nur schwer ändern kann. Also den Lehrplan in der Schule konnte ich leider nicht ändern, obwohl ich das selbst heute noch sehr gerne tun und viel mehr Wert auf internationales Business und Marketing legen würde. Furchtbar, wenn ich an meine Schulzeit zurückdenke! Ich hatte morgens schon keinen Bock aufzustehen, wenn ich an die Lehrer dachte. Aber ich wusste, dass ich einmal einen Beruf ausüben wollte, der mir zu jeder Sekunde Spaß bringt. Einen Job, auf den ich jeden Tag aufs Neue richtig Lust habe. Jeden Tag mit voller Power, Elan und Motivation in den Tag starten, das war mein Ziel. Mit allen Konsequenzen. Wenn ich mich für einen Weg entscheide, dann muss dieser Weg zuvor gut durchdacht sein, aber sobald die Entscheidung gefallen ist, gibt es kein Zurück mehr. Wenn ich mir etwas in den Kopf setze, ziehe ich es auch durch. Nur die Harten kommen in den Garten! Lieber tot als Zweiter!

Deshalb waren und sind die typischen Auswandererfamilien, die man immer wieder im Fernsehen sieht, absolut kein Maßstab für mich. Ein Kfz-Mechaniker, der mit seiner gesamten Familie nach Neuseeland auswandert, obwohl er kein Englisch spricht, keine finanziellen Rücklagen und noch nicht mal einen Job in Aussicht hat und auch eigentlich gar nicht genau weiß, wohin er will, ist für mich das beste Beispiel dafür, wie man es auf keinen Fall machen sollte. Letztens habe ich für die Akademie von Motivationstrainer Jürgen Höller ein Interview gegeben und wurde gefragt, was all diese Menschen falsch machen. Meine Antwort: Der größte Fehler ist, dass solche Auswanderer nach Mallorca kommen, aber nicht mal das Geld für ein Rückflugticket haben. Das kann nichts werden. Hier wartet keiner auf einen. Meine Überzeugung ist: Zum Scheitern darf man es gar nicht erst kommen lassen. Aber sollte es doch mal einen herben Rückschlag geben, stehe ich in derselben Sekunde wieder auf! Mein Lieblingsspruch dazu ist:

»Es hat einen Grund, warum dein Auto einen kleinen Rückspiegel hat und eine große Windschutzscheibe.« Das bedeutet für mich: Schau in die Zukunft, blick nach vorne. Lass die Vergangenheit zurück und arbeite täglich an deiner persönlichen Verbesserung. Immer weiter, immer weiter!

Es wird immer Menschen im Umfeld geben, die die Katastrophe schon lang vorher haben kommen sehen. Menschen, die alles besser wissen. Die Klugscheißer, die selbst nie etwas wagen und nur nach rechts und links schauen, was die anderen haben, machen und sagen. Loser nennt man diese Menschen. Oder Leute, die mit ihren eigenen Problemen so zu kämpfen haben, dass ihnen gar keine Zeit bleibt, einmal über den Tellerrand ihres Lebens hinwegzusehen. Selbst schuld! Die verpassen einiges. Aber genau diese Menschen halten mein inneres Feuer am Brennen. Ungewollt motiviert mich auch meine ehemalige Mathelehrerin. Die hat auch nie an mich geglaubt und war über Jahre fest davon überzeugt, dass meine Eltern mich vom Gymnasium nehmen sollten, weil ich angeblich dem psychischen Druck nicht gewachsen war. Ich fand, dass ich all dem total gut gewachsen war. Aber ich wusste eben sehr schnell, dass ich das meiste für meine berufliche Karriere nicht brauchen würde. All diese Negativ-Menschen sind für mich Ansporn, täglich weiterzukämpfen.

Die Risikobereitschaft ist in der heutigen Zeit essenziell für Erfolg. No risk, no fun ist ein englisches Sprichwort und es stimmt. Natürlich muss man sich auch sicher sein bei dem, was man vorhat, und die Möglichkeiten und Erfolgschancen gut durchdenken, bevor es losgeht. Doch hätte ich immer auf die negativen Stimmen gehört, dann würde ich jetzt nicht in Spanien ein herrliches Leben führen, dann hätte ich keine eigene Firma, die jedes Jahr einen höheren Umsatz einfährt, dann wäre ich nicht Herausgeber eines eigenen Lifestyle-Magazins, dann hätte ich niemals Social-Media-Werbedeals mit namhaften Unternehmen, dann hätte ich niemals eine eigene Home-Collection unter meiner eigenen Marke bei einem der größten Teleshopping-Sender, dann wäre ich niemals da, wo ich jetzt bin! Und das Beste an der gesamten Entwicklung ist, dass ich zu jeder Sekunde glücklich damit war, bei allem, was ich gemacht habe. Daher ist der erste Grundstein für Erfolg der eiserne Wille, etwas zu verändern, etwas in seinem eigenen Leben zu verändern, zu verbessern. Kombiniert mit der Bereitschaft zum Risiko! Denn Menschen, die zu viel zweifeln, werden verzweifeln.

Der Großteil der Bevölkerung sieht alles schwarz. Alles ist so negativ. Jeder sitzt in seinem Mini-Schneckenhaus und schießt mit Atomwaffen. Doch so richtig verstanden hat eigentlich keiner was. Viele sind mit ihrem privaten Kram, ihren Problemen, ihrem Leiden so beschäftigt, dass sie ihre Umgebung gar nicht wahrnehmen, geschweige denn erkennen. Menschen sind so von der Situation in ihrem Privatleben oder ihrer Arbeitswelt gefrustet, dass sie nicht mehr an die positiven Seiten des Lebens denken. Die es immer gibt. Auch wenn das Leben kein Ponyhof ist und immer neue Herausforderungen und Hürden aufstellt, die es zu überwinden gilt. Diese Erfahrung habe selbst ich schon sehr oft in meinem jungen Leben machen dürfen.

Viele Menschen haben noch gar nicht begriffen, in was für einem Zeitalter wir leben. Heutzutage ist alles viel schnelllebiger. Ehe du dich versiehst, bist du schon wieder weg vom Fenster. Ich bin davon überzeugt, dass sich in den nächsten Jahren noch sehr viel in der Gesellschaft ändern wird. Es ist eine Zeit des digitalen Umbruchs. Facebook und Twitter sind dabei, unser Leben zu steuern und unsere Meinung zu beeinflussen. Und sie sind bereits das einfachste Mittel, an Informationen zu kommen. Wenn man heute einer Frau begegnet und sie näher kennenlernen möchte, geht es schneller zu fragen, ob sie bei Instagram ist, als sich ihren kompletten Namen, die Telefonnummer und die E-Mail-Adresse zu notieren.

Wichtig für dich ist, zu erkennen, dass du handeln musst, und zwar für dich, denn wenn du nicht für dich selbst handelst, werden andere für dich handeln. Und ob diese dich dann so behandeln, wie du es gerne möchtest, ist die Frage. Wenn du nicht für dich lebst, wirst du von anderen gelebt! Du musst für dich selbst leben! Geh raus in die Welt und sei fröhlich, sei glücklich darüber, dass du gesund bist. Hier ist mein Experiment: Gehe morgens aus dem Haus und sei den gesamten Tag, zu jeder Sekunde einfach mal glücklich und fröhlich. Sei nett, lache, grüße die Postbotin, lächle den Leuten auf der Straße zu, halte anderen die Türe auf, lass ihnen den Vortritt. Du wirst sehen, wie extrem du dann selbst wahrgenommen wirst von deinem Umfeld. Du wirst regelrecht auffallen. Positiv auffallen! Schnell wirst du dann zum Vorbild, denn durch deine Freundlichkeit ziehst du Aufmerksamkeit auf dich.

Ich war Ende 2010 zum ersten Mal für eine Woche in der Dominikanischen Republik und war verblüfft über die Freundlichkeit der Servicekräfte im Hotel. Angefangen vom immer lachenden Zimmermädchen bis hin zur sehr sympathischen Oberkellnerin im Restaurant am Abend. Als ich in einem interessanten Gespräch mit dem Hoteldirektor, der auf Mallorca geboren war, erfuhr, dass das durchschnittliche Gehalt eines Kellners in diesem Land bei circa 300 Euro pro Monat liegt, war ich schockiert. Diese Menschen haben während der Arbeit noch Lust zu lachen, obwohl sie weniger im Monat verdienen als ich im Monat für meine Handyrechnung ausgebe. Unfassbar, aber wahr! Und ich beschloss, mir das genauer durch den Kopf gehen zu lassen und die Offenheit und echte Freundlichkeit dieser Menschen gleich zu verinnerlichen. Es ist wichtig, durch persönliche, positive Energie aufzufallen. Wenn dir das gelingt, wirst du auch immer positiv bei deinem Gegenüber ankommen und beliebt sein. Warum ist das in der heutigen Zeit ein Problem? Weil man nicht lachen muss, wenn man per Handy etwas twittert oder gerade einen neuen Status bei Facebook postet. Der persönliche, direkte Kontakt wird immer seltener. Gleichzeitig ist es so, dass man über andere durch diese Internet-Plattformen immer mehr weiß. Fotos werden hochgeladen, Menschen verlinkt, Freunde eingeladen, Pins verschickt, wildfremde Personen »gegruschelt« (Ausdruck bei Studi VZ) ... Aber in fünf Jahren wird kein Jugendlicher mehr einen ordentlichen Vortrag vor zehn anderen Personen halten können, weil ihm die Knie vor lauter Aufregung zittern werden. Es wird ein Problem der direkten Kommunikation entstehen. Wahrscheinlich gibt es dann nur noch Internetkonferenzen, und wenn man Geschäfte macht, muss man sich nicht mehr treffen und in die Augen schauen.

Sicherlich ist das Internet die Zukunft, aber der Erfolg steckt immer noch in den zwischenmenschlichen Beziehungen. Menschen müssen sich miteinander austauschen können, da helfen auch keine Internet-Dating-Plattformen oder sozialen Netzwerke weiter. Das Vertrauen in ein Geschäft entsteht nur aus dem direkten Kontakt heraus, und der wird niemals durch das Internet ersetzt werden können. Das einfache Reden, das einfache Zuhören! Und zu der direkten Kommunikation gehört dann noch die persönliche Präsentation. Teilweise extrem negativ aufgefallen sind mir Präsentationen von Menschen, die sich um einen Arbeitsplatz in meinem Unternehmen beworben haben. Nachdem ich ein paarmal im Fernsehen zu sehen war, erhielt ich an die 190 Bewerbungen von sehr vielen Menschen, jungen und alten, die die Herausforderung im Ausland suchten. Menschen, die anscheinend etwas in ihrem Leben verändern wollten. Doch wie sie ihr Bewerbungsanschreiben gestaltet hatten, war schockierend.

Rechtschreibfehler ohne Ende. Mal ganz abgesehen von der Grammatik. Anschreiben ohne Briefkopf. Anschreiben ohne Anrede. Anschreiben mit Kaffeeflecken. Mappen ohne Anschreiben. Bewerbungsfoto mit Sonnenbrille. Bewerbungsfoto mit weit aufgeknöpftem Hemd, sodass die Brustbehaarung eher ins Auge stach als das Gesicht. Es ist wirklich verrückt, was ich zu sehen bekam. Das stärkte wieder meine Überzeugung, dass es völlig bekloppt ist, junge Menschen in der Schule mit Stochastik, analytischer Geometrie oder Vektorrechnung zu quälen. (Tut mir leid, wenn ich immer auf dem Fach Mathe rumreite, aber ich hasse es bis heute!). Wann wird der Lehrplan endlich umgestellt? Wann wird jungen Menschen gezeigt, wie man einen Businessplan schreibt? Es geht gar nicht darum, zu lernen, wie man eine Stellenbewerbung schreibt, sondern wie man einen Plan ausarbeitet, um seine eigene Firma zu gründen. Denn Menschen, die Bewerbungen verfassen, nehmen anderen Menschen unter Umständen einen Arbeitsplatz weg. Aber Menschen, die einen Businessplan schreiben können, werden neue Arbeitsplätze schaffen!

Die persönliche Darstellung und Präsentation sind oft entscheidend dafür, ob man eine Chance bekommt oder nicht. Wichtig ist, dass das äußere Erscheinungsbild stimmt und dem Anlass entsprechend gut ausgewählt ist. Nicht umsonst heißt es »Kleider machen Leute«. Ein gepflegtes Äußeres ist ein Muss, egal in welchem Beruf!

Doch wie kam es nun dazu, dass ich mich als Immobilienmakler selbstständig machte? Auf den nächsten Seiten möchte ich dir einiges über meinen Werdegang erzählen und darüber, wie ich es geschafft habe, meinen Traumberuf zu finden und mich darin zu verwirklichen. Viele Dinge habe ich auf meinem Weg gelernt, ich hoffe, dass auch du daraus wertvolle Tipps für dich ableiten kannst.

MIT SICHELFUSS UND HORNBRILLE

EINE NICHT GANZ LEICHTE KINDHEIT

Am 3. Oktober 1986 um 17.05 Uhr erblickte ich das Licht der Welt im Kreiskrankenhaus Hamm in Nordrhein-Westfalen. Meine Mutter hatte bereits zuvor schwer mit mir zu kämpfen gehabt. Als sie im vierten Monat schwanger war, wurde sie plötzlich mit schweren Blutungen ins Krankenhaus eingeliefert und nur mit viel Glück erlitt sie keine Fehlgeburt. 17 Wochen bevor ich zur Welt kam, lag meine Mutter ununterbrochen im Krankenhaus, da es ständig zu Komplikationen kam und die Ärzte Angst um unser beider Gesundheit hatten. Laut Erzählungen hatte sie während der Schwangerschaft immer wilde Heißhungerattacken und aß sehr gerne saure Gurken mit Nutella. Am Tag meiner Geburt kam mein Vater von der Arbeit ins Krankenhaus gefahren, um meine Mutter zu besuchen. Es war kurz nach 16 Uhr und meine Mutter äußerte wie jeden Tag ihm gegenüber ihre Essenswünsche. Ein großer gemischter Teller vom Griechen sollte es sein. Mit viel Tzatziki und extra knusprigem Gyros.

Also machte sich mein Vater auf den Weg zum griechischen Restaurant schräg gegenüber vom Krankenhaus. Kaum hatte mein Vater das Krankenhaus verlassen, setzten bei meiner Mutter die Wehen ein und sie wurde umgehend in den Kreißsaal geschoben. Sie verspürte einen sehr unangenehmen Druck am ganzen Körper. Sie bekam eine Atemmaske aufgesetzt, mehrere Krankenschwestern zogen an ihr herum, der Arzt schrie mehrmals, sie solle doch pressen, mehr pressen, immer pressen. Nach über 40 Minuten elendigem Pressen und Schreien entschied der Arzt, bei meiner Mutter künstliche Wehen einzuleiten, und gab ihr zugleich eine Rückenmarkspritze. Immer wieder schmiss sie die Atemmaske weg und versuchte, mit aller Kraft so hart zu pressen, wie sie nur konnte. Aber ich wollte noch nicht rauskommen! Manchmal steckte ich meinen Kopf heraus und flutschte wieder zurück. Mittlerweile war mein Vater mit der Bestellung vom griechischen Restaurant zurückgekehrt und ließ die zwei Plastiktüten mit Gyros, Krautsalat und Pommes mitten im Krankenhausgang stehen, als er hörte, dass ich bereits auf dem Weg sei. Nach über einer Stunde unglaublicher Quälerei entschied ich mich dann endlich, meine Füßchen in die Welt zu setzen.

Mein Vater war damals gerade einmal 23 Jahre alt und hatte nach dem Abschluss an der Hauptschule in Rünthe eine Ausbildung zum Elektriker und später seine Prüfung zum Elektromeister absolviert. Sein größtes Hobby war der Fußball. Meine Mutter war am Tag meiner Geburt 19 Jahre alt und hatte nach dem Hauptschulabschluss in Rünthe eine Ausbildung zur Schuhfachverkäuferin in Dortmund gemacht. Somit wurde ich in eine sehr junge und vom sozialen Aspekt betrachtet der unteren Mittelschicht angehörende Durchschnittsfamilie hineingeboren. Mein Vater verdiente damals sein Geld als Elektriker unter Tage, im Kohlewerk, und dieser Job brachte große Gefahren mit sich. Meine Mutter war ab sofort Mutter und Hausfrau. Wir drei lebten auf einem kleinen Bauernhof in Südkirchen, den meine Eltern ein paar Jahre zuvor gekauft hatten und selbst nach und nach renovierten, so wie gerade Geld da war. Da aber eigentlich so gut wie nie genügend Geld da war, lebten wir jahrelang in einem Haus, in dem ständig etwas weiter- und zu Ende gebaut wurde. Auch wenn es finanziell knapp war, waren meine Eltern mit dem Leben zufrieden und freuten sich über ihr Glück, ihre Liebe und ihre kleine Familie. Nachdem sie den Bauernhof verkauft hatten, zogen meine Eltern mit mir in eine Doppelhaushälfte in Rünthe. Vorne wohnten wir und hinten die Eltern meines Vaters, also meine Großeltern. Mein Opa arbeitete in einer großen Firma, die Lkws baute, und meine Oma betreute den Haushalt von zwei älteren Damen. Der Ort, in dem meine Eltern mit mir wohnten, war auch nichts Besonderes. Die meisten Einwohner arbeiteten auf der Zeche, sprich im Kohlewerk, wie mein Vater, und ein Großteil bestand aus türkischen Einwanderern.

So nett wie ich heute sein kann, so extrem garstig war ich als Baby und kleines Kind. Ich habe teilweise drei bis vier Stunden am Stück geschrien. Nicht nur einen Tag, sondern über Wochen. Meine Mutter war am Ende, und mein Vater war auch am Ende, weil meine Mutter am Ende war. Alle waren am Ende und ich natürlich auch irgendwann vor lauter Erschöpfung vom ganzen Schreien. Sehr oft fand mein Vater beim Nachhausekommen meine Mutter in einer Ecke sitzend vor, während sie Rotz und Wasser heulte. Ich natürlich auch. Mehrere Arztbesuche ergaben keine Linderung, keiner konnte ein Leiden feststellen. Für meine Eltern war mittlerweile klar, dass der kleine Marcel Einzelkind bleiben würde. Denn diese furchtbaren Momente wollte meine Mutter unter keinen Umständen wiederholen. Meine Eltern hatten schließlich die Suche nach Hilfe aufgegeben und sich damit abgefunden, ein schreiendes Kind zu haben. Ein paar Wochen später traf meine Mutter eine Landärztin, die mich untersuchte und feststellte, dass ich unter 3-Monats-Blähungen litt. Das kommt bei Neugeborenen häufig vor und ist nichts Unnormales. Sie verschrieb mir ein homöopathisches Mittel, Chamomila D3. Kurz danach war ich meine Probleme los und hörte auf zu schreien.

Mit sieben Monaten, als ich gerade gelernt hatte, selbstständig zu sitzen, kam die nächste Diagnose. Es wurde festgestellt, dass ich einen Sichelfuß hatte. Das heißt, dass der Fuß zu weit nach innen wuchs, was bedeutete, dass ich später Probleme beim Laufen haben würde. Somit bekam ich einen Gipsverband an beiden Füßen und eine Art Plateausohle. Ich sah furchtbar aus. Völlig daneben. Aber wer schön sein will, muss leiden, oder? Mit einem Jahr kam es dann noch besser. Als meine Mutter mir ein Bilderbuch in die Hand drückte, hielt ich das Buch so nah an mein Gesicht, dass mein gesamter Kopf im Buch verschwand. Immer häufiger vermuteten meine Eltern, dass mit meiner Sehkraft etwas nicht stimmte. Und genau so war es auch. Ich war bereits mit einem Jahr blind wie ein Maulwurf. So blind, dass die Ärzte mir schon die Sehbehindertenschule in Aussicht stellten. Ich bekam dann mit einem Jahr eine schöne fette Hornbrille, die mir meine Mutter vor lauter Scham immer herunterriss, wenn jemand in den Kinderwagen schaute. Ich sah als Kind wirklich schrecklich aus. Erst die krummen Füße und dann die ätzende Brille. Aber ich hatte damit den vollen Durchblick und konnte genau erfassen, was in meinem Leben so alles abging. Und heute habe ich gerade Füße und Kontaktlinsen. Zum Glück!

Mit drei Jahren kam ich in den örtlichen Kindergarten. Es gefiel mir dort nicht sonderlich. Anfangs weinte ich immer und wollte zurück zu meiner Mama. Zweimal lief ich von dort weg. Später ließ ich meinen Frust anderweitig raus und verprügelte die anderen Kinder mit den großen bunten Holzbausteinen, sodass sich die anderen Eltern über mich beschwerten. Mit sechs Jahren wurde ich eingeschult und besuchte die Kettler Grundschule in Rünthe, bis ich die zweite Klasse beendet hatte. So recht erinnern kann ich mich an diese Zeit nicht mehr, etwas wirklich Spannendes passierte damals wohl nicht. Mein Vater hatte sich während der Zeit weiterentwickelt und die Abendschule besucht. Er hatte mittlerweile einen sehr guten Posten beim Siemens-Konzern und sollte nun von Nordrhein-Westfalen nach Niedersachsen versetzt werden. Meine Eltern erwarben ein Grundstück in einem Ort namens Twist, zwischen Meppen und Lingen, und bauten innerhalb eines Jahres ein neues Haus. Dann hieß es für uns drei Koffer und Kisten packen und auf gings in den hohen Norden Deutschlands. Die Eltern meiner Mutter lebten damals auch in der Gegend und betrieben eine Gaststätte. Mein Vater pendelte von nun an, arbeitete in Osnabrück und verbrachte die Wochenenden bei uns. Meine Mutter und ich saßen somit fast die gesamte Zeit allein in dem großen, schönen Haus. Von meinem Vater habe ich in meiner Kindheit sehr wenig gehabt und ihn nur selten gesehen.

Nach zwei Jahren wurde das Haus verkauft, weil mein Vater beruflich nach Bayern versetzt wurde und dieses lukrative Jobangebot nicht ausschlagen konnte. Er war bei Siemens mittlerweile sehr weit aufgestiegen, trug die Verantwortung für mehrere Hundert Mitarbeiter und steuerte den Einkauf von Kabeln und Leitungen für Mittel- und Osteuropa. Für meine Mutter und mich hieß das natürlich wieder Aufbruch und eine neue Herausforderung. Zum Glück stand für mich sowieso gerade der Wechsel von der Grundschule zum Gymnasium an und somit hätte ich mich sowieso an eine neue Schule gewöhnen müssen. Ich musste also die Ansgar-Grundschule in Twist verlassen und mich auf das Leibniz-Gymnasium in Altdorf bei Nürnberg vorbereiten. Dass ich meine Freunde erneut zurücklassen musste, machte mir damals erheblich mehr zu schaffen. Bayern gefiel uns jedoch allen sehr gut, auch wenn die Menschen anders waren als die, die ich aus Nordrhein-Westfalen oder Niedersachsen kannte, und eine völlig andere Lebensweise hatten. Wir wohnten in einer Doppelhaushälfte in Altdorf und lebten uns schnell ein.

Wenige Jahre später gründete mein Vater seine eigene Firma und widmete sich dem gleichen Bereich wie zuvor bei Siemens, jedoch von nun an als sein eigener Chef. Da eine Selbstständigkeit besonders in der Gründungsphase immer ein enormes Risiko bedeutet und meine Eltern die hohen Kosten der Miete und generellen Nebenkosten herunterschrauben wollten, zogen wir in eine Wohnung. Die Umstellung von der Doppelhaushälfte in bevorzugter Wohngegend mit über 250 Quadratmetern und traumhafter Ausstattung auf eine Wohnung an einer Hauptstraße mit 79 Quadratmetern war gewaltig. Mein Zimmer war damals ein schmaler Schlauch, ungefähr zwölf Quadratmeter groß, mit einem Bett, einem Schrank und einem Minischreibtisch. Doch man gewöhnt sich an alles, es ist nur eine Frage der Zeit und des Willens. Nach kurzer Zeit etablierte sich die Firma meines Vaters auf dem Markt und expandierte. Die Kundenanfragen nahmen so schnell zu, dass die Firma gezwungen war, im gleichen, aber ungesunden Tempo zu wachsen.

Im Jahr 2003, nach Abschluss der zehnten Klasse auf dem Gymnasium in Altdorf, wollte ich dann die Luft der großen, weiten Welt schnuppern und entschied mich, nach Amerika zu gehen, um dort ein Auslandsschuljahr zu absolvieren. Mehr dazu im nächsten Kapitel.

Meine Mutter hielt meinem Vater immer den Rücken frei, wenn es um Familienangelegenheiten ging, und kümmerte sich eine Zeitlang um die Buchhaltung in seiner Firma. Das war oft nicht einfach, denn die zahlreichen Firmen, die mein Vater gründete, fuhr er immer wieder an die Wand. Es war für ihn nicht leicht, immer wieder Niederlagen einstecken zu müssen, aber für uns als Familie auch nicht besonders schön. Er nahm einfach oft Aufträge an, bei denen das Volumen viel zu groß war, sodass die Firma es gar nicht stemmen konnte, oder die Kunden hatten ein zu langes Zahlungsziel oder es gab Verzögerungen bei der Zahlung, sodass er mit sehr hohen Summen in Vorleistung gehen musste. Wenn dann wichtige Großkunden Insolvenz anmelden mussten und die letzten Rechnungen an die Firma meines Vaters nicht mehr zahlen konnten, musste auch mein Vater wieder seine Firma schließen. Ich glaube, das kam mindestens fünfmal vor. Die Namen der Firmen, die mein Vater gegründet, aber auch wieder aufgegeben hat, könnte ich jetzt nicht mal mehr alle aufzählen. Heute ist er angestellter Projektleiter in einem Unternehmen bei Köln.

Meine Eltern leben heute getrennt. Vor einigen Jahren offenbarte mein Vater meiner Mutter genau zehn Tage vor Weihnachten abends beim Zähneputzen, dass er sie verlassen würde. Bald schon erzählten die zwei mir von ihrer Zukunftsplanung. Ich war natürlich geschockt. Sicher hatte ich im Laufe der Jahre gemerkt, dass es nicht immer einfach war in ihrer Beziehung, aber jede Ehe durchlebt Höhen und Tiefen. Fast 30 Jahre waren meine Eltern verheiratet, bevor sie sich trennten. Meine Mutter meisterte die Situation wirklich sehr gut. Ehrlich gesagt, hätte ich niemals gedacht, dass sie das so gut wegstecken würde.

Zu meinem Vater habe ich kein so gutes Verhältnis mehr wie früher. Zwei Jahre lang hatte ich sogar gar keinen Kontakt zu ihm. Eine komplizierte Situation. Und es ging gar nicht darum, dass er meine Mutter von heute auf morgen verlassen hatte. Es ging und geht eigentlich auch bis heute noch darum, dass er seit dem Tag der Trennung bis auf die Kaution und die erste Monatsmiete für die neue, kleinere Wohnung meiner Mutter, die mittlerweile fest auf Mallorca lebt, für nichts Weiteres aufkommt. Er zahlt gar nichts! Nicht mal den Mindestunterhalt, den man seiner Frau nach fast 30 Ehejahren eigentlich zahlen müsste. Wenn ich darüber nachdenke, ärgere ich mich sehr darüber. Denn würde es mir persönlich nicht so gut gehen, würde ich nicht in meinen jungen Jahren so viel Geld verdienen, um meine Mutter und somit einen weiteren kompletten Haushalt durchzufüttern, müsste meine Mutter nun irgendwo in Deutschland von Hartz IV leben. Ich weiß aber, dass mein Vater genug Geld verdient, um zumindest symbolisch im Monat 50 oder 100 Euro zu zahlen. Und das würde mir ja schon reichen. Einfach nur als Zeichen, dass er sich wenigstens ein bisschen engagiert und sich für sie verantwortlich fühlt. Es ärgert mich, dass er ständig auf irgendwelchen Golfturnieren in ganz Deutschland mitspielt und wie aus dem Ei gepellt daherkommt, aber nicht mal 50 Euro im Monat für seine ehemalige Ehefrau übrig hat.

Meiner Mutter habe ich vor zwei Jahren eine tolle Wohnung direkt am Strand in Can Pastilla, in einem Vorort von Palma, gekauft und sie richtig schön renoviert. Dort lebt sie nun mit ihren zwei Hunden Buffy und Leo. Buffy ist übrigens die Schwester von meinem Hund Buddy. Die zwei haben wir vor fünf Jahren aus einem Tierheim vor der Todesspritze gerettet. Meine Mutter hat sich unglaublich verändert nach der Trennung von meinem Vater. Heute kann ich sagen, dass die Trennung für beide gut war. Meine Mutter hatte durch meine Medienpräsenz selbst zwei Auftritte bei *Goodbye Deutschland* und erhielt wenig später von Weight Watchers Deutschland das Angebot, das Gesicht für die neue Kampagne zu werden. Das war natürlich ein großer Ansporn und eine gute Motivation, um sich durchzubeißen, stark zu sein und das Leben wieder positiv zu sehen. Sie hat ganze 24 Kilogramm abgenommen und sieht jetzt aus, als wäre sie meine größere Schwester. Sie ist auch viel selbstständiger geworden und kümmert sich seit zwei Jahren um Mietkunden bei mir im Unternehmen und um die Vorbereitung der Buchhaltung für den Steuerberater. Sie geht jetzt auch ins Fitnessstudio. Dass meine Mutter mal ins Fitnessstudio gehen würde, hätte ich nie gedacht! Einen neuen Partner hat sie aktuell nicht. Mein Vater ist glücklich mit einer neuen Partnerin, soweit ich weiß. Der Kontakt zu ihm ist jetzt wieder etwas regelmäßiger, weil ich irgendwann über meinen Schatten gesprungen bin und ihn in Köln zum Frühstück eingeladen habe. Ganze zwei Jahre nach der Trennung. Aber man hat eben nur einen Vater. Ich würde viele Dinge anders machen als er, aber jeder ist für sein eigenes Leben verantwortlich. Jeder hat sein eigenes Päckchen im Leben zu tragen. Ich bin jedenfalls froh, dass es meinen Eltern gut geht.

ICH BIN DANN MAL WEG

AUF NACH AMERIKA!

Während meiner Gymnasialzeit entschied meine damalige Freundin Linda sich dazu, als Austauschschülerin für ein Jahr in die USA zu gehen. Für mich erst einmal ein Schock. Es schien mir unvorstellbar, mit gerade einmal 16 Jahren ins Land der unbegrenzten Möglichkeiten zu gehen. Und das nicht nur für zwei Wochen Urlaub, sondern für ein ganzes Schuljahr. Das konnte doch nicht gerade sehr förderlich für eine Beziehung sein. Aber nachdem ich etwas länger darüber nachgedacht hatte, wollte auch ich diesen Schritt wagen. Auf in die ferne weite Welt! Ich musste nur noch meine Eltern davon überzeugen. Mein Vater war begeistert, meine Mutter eher weniger. Sie wollte ihren einzigen Sohn nicht so einfach ziehen lassen und schon gar nicht mit 16 Jahren. Aber nach ein paar Tagen war auch Mutti angetan. Es war ein Schritt ins Ungewisse. Meine Freundin bekam eine Unternehmerfamilie in Boston zugeteilt. Ich musste erst noch drei Wochen warten, bis mir die Agentur, die die Gastfamilien vermittelte, den Bundesstaat und meine Gastfamilie nennen konnte. Ich war so gespannt und hoffte natürlich auf

New York oder Kalifornien. Ich sah mich schon auf der großen Straße mit den vielen Sternen, dem berühmten Walk of Fame, auf dem Boden liegen und für coole Fotos posieren. Na ja, falsch gedacht. Als ich den Brief von der Agentur öffnete, war ich furchtbar aufgeregt. Die Agentur hatte eine Familie ausgewählt, deren Angaben und Wünsche angeblich am besten mit meinen übereinstimmten. Angeblich. Somit ging es für mich nach Parker. Aber wo war Parker? Nachdem ich im Internet den Ort gesucht hatte, wusste ich, dass ich irgendwo im Bundesstaat Colorado leben würde. Eine kleine Stadt etwa 30 Minuten von Denver entfernt.

Im September 2003 hieß es dann Abschied nehmen von Familie und Freunden. Es war echt traurig, weil keiner genau wusste, wie es sein würde, wenn ich nach einem Jahr zurückkäme. Aber allen war klar, dass es nicht mehr so sein würde wie zuvor. Meine Freunde hatten mir tolle Geschenke als Andenken gebastelt, unsere Lieblingslieder auf CDs gebrannt und Fotoalben erstellt. Von meinen Eltern bekam ich einen großen Bilderrahmen mit einem schönen Foto von uns dreien. Dann begann die Reise ins Land der unbegrenzten Möglichkeiten, aber auch der unbekannten Ziele. Auf nach Amerika!

Als ich nach einem Horrortrip 33 Stunden später am Denver International Airport ankam, wurde ich sehr nett von meiner Gastmutter und einer Freundin in Empfang genommen. Sie wirkte sehr herzlich. Ich wusste ja bereits, dass die Familie einen Sohn in meinem Alter hatte, mit dem ich zur Schule gehen würde, sowie einen älteren Sohn, der das Elternhaus schon verlassen hatte und mit seiner Freundin in Denver wohnte. Die Familie besaß vier Pferde, die in Stallungen am Wohnhaus untergebracht waren, und erwirtschaftete ein durchschnittliches Einkommen. Ich war damals mit meinen 16 Jahren wirklich offen für neue Erfahrungen, neue Menschen und neue Herausforderungen. Mein Gastvater schien auch sehr sympathisch und mein Gastbruder wirkte auf den ersten Blick ebenfalls ziemlich cool. Nach ein paar Wochen stellte sich allerdings heraus, dass diese Familie mich nur aufgenommen hatte, weil sie jemanden brauchte, der sich um die Pferde kümmerte und die Stallungen pflegte. Also jemanden, der morgens und abends den Mist aus dem Stall holte und die Pferde trainierte. Mein Gastbruder entwickelte sich mit der Zeit zu einem kleinen Monster. Je mehr meine Sympathiewerte in der Schule und bei den Lehrern stiegen, desto eifersüchtiger wurde er. Meine Noten waren sehr gut und seine Noten sehr schlecht, und das auf derselben Schule. Das war das Hauptproblem. Mein Zimmer lag im Keller und es existierte nur ein winziges Kellerfenster zum Lüften. Tageslicht gab es hier nicht, die Beleuchtung bestand aus einer Glühbirne an der Decke und eine Tür hatte der Raum nicht. Meine Gastmutter erzählte mir, dass die Amerikaner ihre Türen nie schließen würden und daher auch keine Türen nötig seien. Unglaublich, oder? Ich war in einem fremden Land, in einer fremden Familie und hatte nicht eine Sekunde etwas Privatsphäre! Schlimmer wurde es noch, als meine Gastfamilie sich noch zwei Hundewelpen zulegte. Die waren süß, aber der gesamte Wohnbereich war jeden Tag voll mit Hundehaufen und Urin. Das entfernte ich immer wieder, weil es mich einfach nur anekelte!

Mein Heimweh war in diesen Monaten unerträglich. Es war eine schreckliche Zeit und eine so furchtbare Erfahrung, dass ich fast stündlich daran dachte, dieses Land auf der Stelle zu verlassen. Aber es hatte doch jeder davon gesprochen, dass die Amerikaner so offen seien und so nett. Fast übertrieben freundlich. Also diesen Eindruck hatte ich zumindest in den ersten sechs Monaten nicht. Ich teilte mir mit meinem Gastbruder ein Badezimmer. Abgemacht war, dass jeder von uns mindestens einmal pro Woche das Bad putzte. Da mein Gastbruder selbst, wenn überhaupt, einmal pro Woche duschte, war auch klar, dass er das Bad nicht putzen würde. Also lag es an mir, die Toilette und die Badewanne sauber zu halten. Im Grunde hatte ich auch kein Problem damit. Generell scheue ich nicht davor zurück, wenn es darum geht, mal richtig anzupacken oder mitzuhelfen. Ich hasse es aber, wenn andere sich auf die faule Haut legen und jemanden den Dreck wegmachen lassen. Am liebsten hätte ich meinem Gastbruder in den Hintern getreten und meiner Gastmutter die Meinung gesagt, aber das macht man natürlich nicht, wenn man mit 16 Jahren in ein fremdes Land kommt und anständig erzogen wurde wie ich.

Kurz vor Weihnachten entschied ich mich, mit anderen Austauschschülern aus ganz Amerika eine Reise zu unternehmen. Eine Organisation bot verschiedene Trips durch Amerika an und da ich schon immer einmal nach Los Angeles wollte, flog ich kurz nach Weihnachten dorthin und traf dort viele andere internationale Austauschschüler. Mit ihnen tourte ich vier Tage durch Los Angeles und sah mir die interessantesten Sehenswürdigkeiten an. Das war wirklich eine tolle

Zeit, auch weil wir uns austauschen konnten und jeder von seinen Erfahrungen erzählte. Ich hatte bis dahin eigentlich nie so richtig über meine Situation gesprochen, weil es mir peinlich war und ich überzeugt war, dass es besser werden würde. Aber ganz im Gegenteil, es wurde immer schlimmer! In Los Angeles hatte ich auf jeden Fall eine gigantische Zeit. Wir besuchten die Universal Studios, tranken einen Kaffee in dem Hotel, in dem der Film *Pretty Woman* gedreht worden war, und verbrachten Silvester in Disney World. Am 2. Januar flog ich dann wieder zurück nach Denver, zurück in die Hölle!

Kurz nachdem ich wieder im Haus meiner Gastfamilie angekommen war, rief mich meine Deutschlehrerin an. Ich hatte in der Schule freiwillig das Unterrichtsfach »German Teacher Aid« gewählt und unterstützte in diesem Rahmen regelmäßig die Deutschlehrerin und gestaltete den Unterricht mit. Ich hatte grundsätzlich ein sehr gutes Verhältnis zu all meinen Lehrern an der Highschool. Das Telefon klingelte, meine Gastmutter nahm das Gespräch in ihrem Schlafzimmer entgegen und rief mir zu, dass ich den Telefonhörer unten im Büro abnehmen solle. Bis dato hatte meine Gastmutter immer ihren Telefonhörer aufgelegt, sobald ich am Telefon war, nur dieses Mal blieb sie dran und belauschte unser Gespräch. Sonst hatte ich mit der Deutschlehrerin auch immer Deutsch gesprochen, was keiner aus meiner Gastfamilie verstanden hätte. An diesem Abend sprachen wir allerdings englisch. Sie fragte mich, wie meine Reise nach L. A. gewesen sei, und ich erzählte ihr von meinen Erlebnissen und den tollen Leuten, die ich kennengelernt hatte. Dann fragte sie mich, wie es mir wirklich gehe. Sie hatte wohl gespürt, dass in meiner

Stimme ein bedrückter Unterton mitschwang. Also berichtete ich von der schwierigen Situation im Haus meiner Gasteltern. Nach ein paar Minuten knallte im Obergeschoss eine Tür so laut, dass ich erschrak. Meine Gastmutter rannte die Treppe hinunter. Im gleichen Moment verabschiedete ich mich von meiner Deutschlehrerin und schon riss meine Gastmutter die Tür des Büros auf. Komischerweise hatte das Büro durchaus eine Tür. Sie stand mit hochrotem Kopf schreiend in der Tür. »Du hast das hier alles nicht verdient, du bist ein beschissener Ausländer, ein verwöhnter Junge, undankbar und unerzogen! Und jetzt raus!« Wie raus? Ich war entsetzt. Wollte sie mich vor die Tür setzen? Aber wo sollte ich denn hin? Ich war allein in Amerika. Ich kam mir vor wie in einem richtig schlechten Film. Leider war es tatsächlich das echte Leben.

Meine Gastmutter stürmte wieder nach oben und rief meinen Gastvater an, um ihm mitzuteilen, dass sie mich gerade rausgeschmissen hatte. Das konnte doch alles nicht wahr sein, schoss es mir durch den Kopf. Vor einer Stunde erst war ich aus Los Angeles zurückgekommen, die Koffer waren noch gepackt und sie wollte mich sofort loswerden. Völlig aufgelöst überlegte ich erst einmal, wen ich anrufen konnte. Kurz vor den Weihnachtsferien hatte ich ein Beratungsgespräch mit der stellvertretenden Schulleitern gehabt, die bereits von der schwierigen Situation bei meiner Gastfamilie Wind bekommen hatte. Auch war mein Gastbruder bei der Schulleitung schon bekannt, da er in der Vergangenheit mehrmals negativ aufgefallen war. Nach dem Gespräch mit der Schulleiterin Mrs. Macey hatte mich eine sehr nette Frau angesprochen. Terri Plucker, die Sekretärin der Direktorin. Auch sie hatte schon von meinem »Fall« gehört und gab mir ihre Kontaktdaten. »Melde dich, wenn du etwas brauchst, meine Familie und ich wohnen ganz bei dir in der Nähe.« Bei mir in der Nähe? Das war doch das absolute Hinterland ohne Nachbarn und ohne richtige Straßen. Ich übertreibe wirklich nicht. Um zu unserem Haus zu kommen, musste man erst einige Kilometer auf einer Schotterstraße zurücklegen, und im Winter waren da oftmals Elche unterwegs. Glücklicherweise fiel mir diese Frau aus dem Sekretariat wieder ein. Ich suchte ihre Telefonnummer heraus, rief sie an und fragte, ob sie mir für die nächsten Tage Asyl gewähren könne. Dann fing ich an zu heulen. Ich wollte nur noch weg aus diesem schrecklichen Land. Das war echt schlimm. Ich saß am Ende der Welt, ohne irgendeine Vertrauensperson, und war soeben auf die Straße gesetzt worden, obwohl ich doch nichts verbrochen und mir nur eine nette und saubere Gastfamilie gewünscht hatte. Eine saubere, wie das klingt! Das sollte ja eigentlich normal sein, war es aber leider nicht. Terri sagte sofort Ja und gab mir ihre genaue Adresse. Nach kurzer Recherche stellte sich heraus, dass sie mit ihrem Mann tatsächlich nur zwei Häuser, also in dem Fall etwa zwei Kilometer von meiner Gastfamilie entfernt wohnte. Was für ein Glück! Innerhalb von 15 Minuten packte ich meine restlichen Sachen zusammen. Dann bedankte ich mich trotz allem bei meiner Gastfamilie und ging. David, Terris Ehemann, holte mich freundlicherweise ab.

Ab dem Zeitpunkt veränderte sich mein Leben in Amerika komplett und ich hatte einen Riesenspaß. Meine neue Gastfamilie war toll! Terri und David, ein Langstreckenpilot bei Continental Airlines, hatten zwei erwachsene Kinder und bereits regelmäßig Besuch von ihren Enkeln. Das Einzige, was mir nicht wirklich passte, war, dass ich jeden Sonntag, ohne Ausnahme, in die Kirche gehen musste und zuvor für zwei Stunden zum Bibelunterricht. Und da ich nun wirklich absolut »unkirchlich« bin, war das für mich nicht besonders angenehm. Aber ich wollte mich ja unter gar keinen Umständen beschweren, denn die Familie war sehr freundlich und zuvorkommend. Ich verstand mich sehr gut mit meinen neuen Gasteltern.

In dem gesamten Jahr als Austauschschüler habe ich insgesamt zehn Bundesstaaten besucht und sehr viel von diesem beeindruckenden Land gesehen. Schade, dass ich nicht von Anfang an positive Erfahrungen machen konnte. Mit meiner ersten Gastfamilie hatte ich seit dem Tag meines Rauswurfs keinen Kontakt mehr. Mit Terri und David pflege ich immer noch regelmäßigen Kontakt. Auch sie hatten Pferde und einen Stall, aber ich wurde nicht als Stallbursche angesehen. Natürlich sprang ich oft ein und half mit. Meine schulischen Leistungen waren nach wie vor sehr gut. Obwohl ich auch hier in Mathematik meine Probleme hatte. Klar, warum sollte sich das in einem anderen Land plötzlich ändern? Die Lehrer waren unglaublich nett und hilfsbereit. Sie behandelten die Schüler wie ihre Freunde und umgekehrt. Bis heute kann ich nicht genau sagen, was diese Lehrer in den USA anders machen als die Lehrer in Deutschland. Eigentlich nicht viel. Ich glaube, sie sind einfach menschlicher und treten auch den Schülern mit einer gewissen Art Respekt gegenüber. Die Schüler sind viel motivierter und strengen sich gerne an, weil sie das Gefühl bekommen, dass der Lehrer zu 100 Prozent an sie glaubt, egal wie qualifiziert sie sind. Wer etwas nicht versteht, dem wird es so lange erklärt, bis er es im Schlaf kann. Und das teilweise sogar persönlich vom Lehrer nach Schul- oder Unterrichtsende.

Als ich mich in der Schule angemeldet hatte und meine Fächer wählen musste, hatte ich erst mal zwei Tage gebraucht, um den Katalog mit dem Angebot durchzugehen. Unfassbar, welche Möglichkeiten das amerikanische Schulsystem bietet! Das für mich interessanteste Fach war »Public Speaking«. Dabei wurden Reden und Vorträge zu den unterschiedlichsten Themen vorbereitet und dann im Anschluss vor den Klassenkameraden und dem Lehrer präsentiert. Eine tolle Möglichkeit, um sich weiterzuentwickeln und zu lernen, gut zu reden, etwas mit Emotion und Ausdruck zu präsentieren und sich in Gesellschaft souverän zu artikulieren. Warum gibt es das nicht auch in Deutschland?

Auch das Sportangebot ist in Amerika ziemlich umfangreich, an meiner Schule wurden Sportarten unterrichtet, von denen ich nie zuvor gehört hatte. Grundsätzlich hat Sport in Amerika einen viel höheren Stellenwert als in Deutschland. Ich war sportlich sehr engagiert, nahm im ersten Semester am Distanzlangstreckenlaufkurs (Cross Country) teil und machte im zweiten Semester Leichtathletik. Lerne, an deine Grenzen zu gehen! Das tat ich in Amerika des Öfteren. Positiv wie negativ. Als ich den ersten Tag bei Cross Country war, fragte mich der Trainer, ob ich fit sei. Klar, sagte ich, ich hatte ja regelmäßig Sport getrieben und dachte, ich sei in Topform. Tja, falsch gedacht! An meinem ersten Tag stand leider ein Ausdauerlauf auf dem Programm, das hieß 16 Kilometer ohne Pause bergauf und bergab laufen. Super! Es war brutal anstrengend, aber ich absolvierte die kompletten 16 Kilometer und begeisterte den Trainer. Leider achtete ich dabei nicht auf meine Gesundheit. Am nächsten Tag konnte ich kaum mehr auftreten und nur unter schrecklichen Schmerzen laufen. Als mich der Schularzt untersuchte, stellte er fest, dass ich meine Beine überanstrengt hatte und in beiden Beinen die Schienbeinknochen abgesplittert waren. Das bedeutete, dass ich die nächsten zwei Wochen eine Pause einlegen musste. Danach langsames Aufbautraining und dann erst wieder volles Training und Wettbewerbe mit der Schule. Das ärgerte mich extrem. Zum einen, weil ich eigentlich hätte wissen müssen, dass man so nicht an einen 16-Kilometer-Lauf herangeht, und zum anderen, weil ich meine Grenze komplett überschritten hatte. Heute weiß ich: Es ist wichtig, seine Grenzen zu kennen und den Spielraum voll auszunutzen, wenn man erfolgreich sein möchte. Trotzdem darf man dabei seine Gesundheit nicht vergessen! Jedenfalls war das damals für mich ein einschneidendes Erlebnis, das mir die Augen geöffnet hat. Immer mehr als 100 Prozent geben, immer Vollgas, das ist nach wie vor mein Ding, aber es gibt Grenzen, die man für sich persönlich erkennen muss. Heute kenne ich meine Grenzen ganz genau. Ich weiß, wann ich mir eine Auszeit nehmen muss. Ich weiß, wie weit ich gehen kann und wie weit ich gehen muss, um mehr oder besser gesagt die entsprechende Leistung zu bringen, um erfolgreich zu sein, und dann noch eine Steigerung zu erzielen. Viele kennen ihre Grenze nicht, und das ist nicht gut! Zum einen brechen diese Menschen oftmals mittendrin ab, obwohl sie bildlich gesprochen schon auf der Zielgeraden sind und hätten durchhalten können. Doch nur wenn man durchhält, wird man es auf Dauer zu etwas bringen. Das habe ich in Amerika gelernt. Don't you ever quit. Das hat uns unser Sportlehrer in Amerika immer gesagt. Niemals aufgeben! Heute gehe ich beruflich extrem an meine Grenzen. Jeden Tag aufs Neue. In Bezug auf meine Gesundheit versuche ich jedoch, so gut es geht auf meinen Körper und mein Bauchgefühl zu hören.

Aufgrund meiner guten Leistungen durfte ich eine Klasse überspringen und bereits nach wenigen Wochen in die Klasse der Seniors (Abschlussklasse) wechseln. Das hieß für mich, dass mir alle Türen offen standen. Ich konnte einen Abschluss an meiner Highschool machen und mich dann an verschiedenen Universitäten in ganz Amerika bewerben. Aber so einfach war das natürlich nicht. Dazu musste ich einige sehr schwierige Tests mit entsprechend gutem Abschluss meistern. Dank der Hilfsbereitschaft meiner damaligen Mitschüler und auch ganz besonders der Unterstützung der Lehrer konnte ich alle meine Prüfungen mit zufriedenstellenden Ergebnissen abschließen.

Ende Mai neigte sich mein USA-Aufenthalt so langsam dem Ende zu. Meine Eltern waren extra zur großen Abschlusszeremonie aus Deutschland angereist, um mit meinen Gasteltern und mir diesen besonderen Moment zu feiern. Bisher kannte ich solche Bilder nur aus den kitschigen Highschool-Filmen, in denen die Schüler nach der Ehrung ihre komischen Hüte in die Luft werfen. Nun war ich selbst an der Reihe. Die offizielle »Graduation« fand in einer riesigen Halle mit all meinen Freunden aus der Highschool statt.

Ich wurde sogar als sympathischster ausländischer Schüler geehrt! Und nein, ich war nicht der einzige, es gab ungefähr zwei Dutzend Austauschschüler aus der ganzen Welt an unserer Schule. Ich freute mich wahnsinnig darüber, dass ich es als Deutscher, also als Ausländer, in diesem Land geschafft hatte. Und das trotz der extrem schweren Lebensumstände bei der ersten Gastfamilie, von denen ich meinen Eltern in Deutschland bis zum Ende nie etwas erzählt hatte. Denn ich wusste, sie hätten sich sofort in den nächsten Flieger gesetzt, um mich da rauszuholen. Als ich meine Eltern zum ersten Mal nach all dieser Zeit wiedersah, war das ein komisches Gefühl. Ich weiß noch genau, wie sie mit ihren Koffern die Rolltreppe im Denver International Airport hochkamen. Meine Mutter hatte schon immer unglaubliche Flugangst und stellte sich mit dem Flug nach Amerika einer großen Herausforderung. Das fand ich toll! Sie hasste es eigentlich schon, von Deutschland nach Mallorca zu fliegen, und da reden wir von einer Flugzeit von zwei Stunden. Dieses Mal hielt sie ganze zehn Stunden aus, um mich im fernen Amerika abzuholen! Ich war echt stolz. Ich weinte lauthals los, als ich die beiden nach so langer Zeit endlich wieder in den Arm nehmen konnte. So ein tolles Gefühl! Finanziell war der Besuch meiner Eltern in Amerika eigentlich nicht drin gewesen. Dass es um die finanzielle Situation meiner Eltern so schlecht stand, wusste ich allerdings zu diesem Zeitpunkt nicht. Aber dazu später mehr.

Meine Gastfamilie, meine Eltern und ich fuhren nach der Abschlussfeier wieder nach Hause. Für den Nachmittag hatte ich mit meiner Gastmutter eine Party organisiert, um mich von meinen lieb gewonnenen Schulkameraden und Freunden zu verabschieden. Das war die erste Party seit Langem, die ich selbst ausgerichtet hatte, da ich meinen Geburtstag zuletzt mit zehn Jahren gefeiert und seither keine Party mehr geschmissen hatte. Toll fand ich das alles, vor allem, weil so viele Leute extra deswegen aufs Land gekommen waren.

Meine Eltern blieben eine Woche in Amerika. Es war für mich sehr seltsam, meine richtigen Eltern im Haus meiner Gasteltern zu erleben. Ich spürte auch, dass meine Gastmutter extrem eifersüchtig war. Dann hieß es Abschied nehmen, das war sehr traurig. Ich hatte mir ja ein Leben in den USA aufgebaut, Freundschaften geschlossen und mich sehr an die gesamte Gastfamilie gewöhnt. Am Tag der Abreise war ich mit meinen 17 Jahren emotional an einem Tiefpunkt.

Die Zeit in den USA hat mir persönlich unglaublich viel gebracht. Die Erfahrung hat mich reifen lassen, obwohl es anfangs schrecklich war und ich mir bei meiner ersten Gastfamilie verloren und hilflos vorkam. Doch auch das hatte, wenn ich heute zurückblicke, sein Gutes. Warum? Weil ich mich durchboxen musste, ich musste stark sein, kämpfen. Und diese Erfahrung kommt mir heute noch zugute. Was dich nicht umbringt, macht dich nur stärker. Hin und wieder blättere ich durch mein Fotoalbum und erinnere mich an die Zeit zurück. Es war eine großartige Erfahrung und ich habe bis heute Kontakt zu meiner damaligen Gastfamilie und einigen Freunden. Meine Gastmutter, Terri, hatte mir damals vorgeschlagen, ein Scrapbook (ein selbst gebasteltes Fotoalbum) zu erstellen und für jeden Ausflug oder jede besondere Gelegenheit eine Seite zu gestalten. Heute ist dieses Buch für mich Gold wert und ich bin froh, dass ich damals teilweise stundenlang wie ein kleiner Junge gebastelt habe.

Ich empfehle jedem, der die Möglichkeit und den dazu nötigen Mut hat, ein Jahr ins Ausland zu gehen, um echte Lebenserfahrung zu sammeln. Nur ohne Mama und Papa an der Seite lernt man, sich durchs Leben zu kämpfen. Es kann schwer werden, aber letztlich ist man unheimlich stolz, wenn man es geschafft hat. Der eigene Horizont wird durch so etwas unglaublich schnell erweitert und man bekommt ein ganz anderes Gefühl für seine Umgebung. Die Wahrnehmung des Lebens verändert sich zum Positiven. Ich kann nur jedem empfehlen, sich ins Abenteuer zu stürzen. Gerade in der heutigen Zeit muss man fast schon Auslandsaufenthalte im Lebenslauf vorweisen, um überhaupt eine Chance zu haben, einen guten Job zu bekommen. Und wer nicht mindestens ein bis zwei Fremdsprachen fließend beherrscht, wird es in manchen Bereichen auch nicht leicht auf dem Arbeitsmarkt haben. Es gibt also viele Gründe, so ein Vorhaben anzugehen.

HALLO DEUTSCHLAND

DIE RÜCKKEHR IN EINE FREMDE WELT

Nach fast einem Jahr guter und schlechter Zeiten in Amerika kam schließlich der Tag der Heimkehr. Ich durfte die Strecke vom Flughafen in Nürnberg nach Hause mit dem Auto meiner Mutter fahren. Für mich das erste Mal, dass ich in Deutschland Auto fuhr. Meinen Führerschein hatte ich nach vier Fahrstunden für 237 Dollar in Amerika erworben. Und nun sollte ich auf deutschen Straßen fahren. Oh Gott! Mein Vater erklärte mir in zwei Sekunden, dass die Spur, auf der ich unterwegs war, eigentlich für die entgegenkommenden Autos bestimmt sei, und griff aufgeregt zum Lenkrad, um den Wagen nach rechts zu lenken. Okay, verstanden! Ich war mitten auf der Straße gefahren.

Der Alltag mit meinen Eltern hatte sich nach der gemeinsamen Woche in Amerika bereits wieder eingespielt, aber jetzt war es an der Zeit, meine ehemaligen Freunde wiederzusehen. Ich verabredete mich in einer Bar in Altdorf und war ziemlich aufgeregt, weil ich nicht wusste, was mich erwartete. Wie sahen sie jetzt aus, was war alles passiert, und würde es so sein wie zuvor? Nein, sollte ich erfahren, nichts war wie vorher! Es war natürlich spannend zu sehen, wie sich jeder Einzelne entwickelt hatte, und ich war neugierig auf ihre Geschichten und Erlebnisse. Trotzdem war es auch ein komisches Gefühl. Denn ich hatte so unglaublich viel erlebt und eigentlich hatte sich in Altdorf und bei meinen Schulkameraden nicht wirklich etwas verändert. Im Grunde genommen war alles so, als wäre ich erst gestern weggegangen.

Ich hatte also große Probleme, mich wieder in Deutschland einzuleben. Warum mir das so schwerfiel, kann ich nicht so recht beschreiben. Ich mochte die Menschen in Amerika sehr gerne. Ich finde es einfach toll, wenn Menschen, die im Supermarkt arbeiten, einen fragen: »Wie geht es dir heute?« Es geht ja nicht darum, darauf mit einer Lebensgeschichte zu antworten, aber die Menschen und besonders das Servicepersonal in Amerika sind so auffällig freundlich, dass man gleich mit einer positiven Energie und viel besserer Laune an den Tag und neue Aufgaben herangeht. Das gibt es in Deutschland einfach in dieser Form nicht. Hier habe ich teilweise das Gefühl, dass die Verkäuferinnen in einem Kaufhaus sich schnell umdrehen, wenn sie einen Kunden sehen. Ganz nach dem Motto »Oh Gott, ein Kunde kommt, das bedeutet Arbeit, ich muss weg ...« Die Offenheit, diese gelassene Freundlichkeit fehlt mir einfach. Egal ob das oberflächlich ist oder nicht. Zumindest sind die Menschen freundlich. Natürlich erzähle ich der Frau an der Supermarktkasse nicht alle Details aus meinem Leben. Aber es geht ums Prinzip. Mir ist es lieber, jemand ist oberflächlich freundlich als tiefgründig unfreundlich. Diese Einstellung färbt ab, und wenn man sich mit positiv eingestellten Menschen umgibt, nimmt man diese Art an und geht entsprechend durchs Leben.

Während der ersten Wochen in Deutschland war ich damit beschäftigt, meine Zeugnisse und Zertifikate an der European University einzureichen und als anerkannten Schulabschluss abstempeln zu lassen. Schließlich wurde alles als International Diploma anerkannt, sodass ich mich in jeder europäischen Universität zum Studium einschreiben konnte. Auch meinen Führerschein, den ich in Colorado erworben hatte, musste ich umschreiben lassen. Eine praktische Nachprüfung war zum Glück nicht nötig (obwohl ich bis heute noch nicht richtig einparken kann!). Ich hatte zwar schon den amerikanischen Schulabschluss, wollte aber wieder auf das Leibniz-Gymnasium gehen, um dort auch das deutsche Abitur zu machen.

In Amerika hatte ich mich bereits über Monate auf die Versetzung in die zwölfte Klasse vorbereitet. Ich hatte mir den Lehrplan der elften und zwölften Klasse geben lassen und den entsprechenden Stoff nachgeholt. Anfang September 2004 drückte ich dann wieder die Schulbank am Gymnasium in Altdorf. Auch der Einstieg in der Schule war nicht leicht für mich, da mir alles so fremd erschien. Ein einschneidendes Erlebnis hatte ich mit meiner damaligen Biologielehrerin. Ich kann mich noch genau an das Gespräch erinnern. Nach der dritten Unterrichtsstunde in Biologie suchte ich das Gespräch mit meiner Lehrerin, um mit ihr die Themen der nächsten Wochen durchzusprechen. Ich wollte mich gut auf den Unterricht vorbereiten und bat sie darum um Rat: »Frau W., bitte sagen Sie mir doch, welche Themen in den nächsten Wochen im Unterricht behandelt werden. Ich möchte mich, da ich im vergangenen Schuljahr ja im Ausland war, entsprechend darauf vorbereiten.« Eine einfache Bitte, die ja zeigt, dass der Schüler durchaus am Unterricht interessiert ist. Hier die Antwort kurz und knapp mit scharfem Unterton: »Herr Remus, lernen Sie das ganze Buch!« Ah ja, okay, dachte ich, vielen Dank für das nette Gespräch. Natürlich musste ich sofort an die überfreundlichen Lehrer in Amerika denken. So eine blöde Antwort hätte man dort als Schüler niemals erhalten. Ganz im Gegenteil! In Amerika hätte sich die Lehrerin mit dem Schüler zusammengesetzt und wäre die einzelnen Themen Schritt für Schritt durchgegangen, um ihn bestmöglich zu unterstützen. Meine Motivation war nach dem Gespräch natürlich auf dem Nullpunkt. Wieso sollte ich mich eigentlich so dämlich behandeln lassen? Ich hatte so viele verschiedene schwierige Situationen in Amerika gut gemeistert und jetzt musste ich mich, zurückgekehrt in mein »altes Leben«, so anmachen lassen. Nein!

Da klar war, dass mein amerikanischer Schulabschluss international anerkannt war, kündigte ich schließlich doch meine »Mitgliedschaft« am Leibniz-Gymnasium. Natürlich hatte ich auch da vieles gelernt und es gab einige gute Lehrkräfte. Frau H. zum Beispiel war über zwei Jahre meine Lateinlehrerin und hat mich wirklich auf eine unterhaltsame und motivierende Art und Weise das richtige Lernen gelehrt. Sie wusste, wie man mit jungen Menschen umgehen musste, um sie bei Laune zu halten. Auch wenn sie hin und wieder sehr streng war und sich in keiner Sekunde auf der Nase herumtanzen ließ. Der schrecklichste war Herr S., der Geschichtslehrer. 99 Prozent der Schüler hatten panische Angst vor ihm. Warum?

Weil er immer eine schwarze Lederjacke trug, Schnauzer und Brille? Nun, die Optik war es nicht unbedingt, die die Schüler teilweise zum Heulen brachte. Vielmehr war es sein Verhalten. Regelmäßig wurden Schüler heftig beschimpft. Zum Teil kann ich es verstehen, dass Lehrer sich durch autoritäres Verhalten Respekt und Anerkennung verschaffen wollen. Denn ich weiß aus eigener Erfahrung, dass manche Schüler wirklich kleine Gangster sind und sich zu Monstern entwickeln können. Greift man da als Lehrer nicht rechtzeitig ein, kann das zum puren Chaos im Unterricht führen. Trotzdem finde ich, dass alles davon abhängt, wie motiviert die Lehrer selbst sind.

Aber wie dem auch sei, das Thema Schule war für mich abgehakt. Nun hieß es überlegen, was ich als Nächstes machen wollte. Direkter Einstieg in die Berufswelt? Das hielt ich damals für zu früh. Eine Ausbildung sollte es sein. Da ich perfekt Englisch sprach, aber keinen offiziellen Abschluss darin hatte, wollte ich einen Abschluss im Bereich Fremdsprachen machen. Denn mir war klar, dass Sprachen einen heutzutage immer weiterbringen. Also erkundigte ich mich, wo ich im Raum Nürnberg einen entsprechenden Abschluss machen konnte. Die Nürnberger Fremdsprachenschule wurde mir daraufhin empfohlen. Die Ausbildung zum anerkannten Fremdsprachenkorrespondenten in Englisch und Spanisch mit Schwerpunkt Wirtschaft wurde wegen meines Highschool-Jahres in den USA auf nur ein Jahr verkürzt. Sehr praktisch, da ich nach nur einem Jahr harter Arbeit und vielen Prüfungen bereits mit 18 Jahren meinen Schulabschluss und eine abgeschlossene Ausbildung vorweisen konnte. Ich bin so froh, dass ich diesen Weg eingeschlagen habe, da ich ohne meine Sprachkenntnisse in meinem heutigen Beruf komplett aufgeschmissen wäre. Besonders die Konzentration auf den Bereich Wirtschaft hat mir bei Geschäftsverhandlungen und Schriftverkehr extrem weitergeholfen. Ich kann nur jedem raten, Sprachen zu lernen. Es ist toll, dass man mit Englisch und Spanisch weltweit kommunizieren kann. In meinem Business spreche und schreibe ich täglich Englisch, Spanisch und Deutsch. Sicherlich gibt es Maklerkollegen, die auch Geld verdienen, obwohl sie nur Deutsch und Englisch beherrschen, aber ich finde, man sollte, wenn man ins Ausland geht und dort langfristig leben möchte, auch die Landessprache können. Allein schon aus Respekt den Einheimischen gegenüber.

Dass ich mehrere Sprachen spreche, hat mir schon oft geholfen, Deals anzuleiern, aber auch zu retten. Ich kann mich noch gut an eine schwierige Situation erinnern. Ich hatte den Käufer und den Verkäufer in meinem Büro zusammengebracht. Eigentlich war der Preis schon verhandelt, es war alles geklärt und sie wollten sich nun kennenlernen und auch besprechen, wie die gesamte Kaufabwicklung vollzogen werden sollte. Das Gespräch verlief sehr positiv. Bis zu dem Moment, als der Käufer noch mal anfing, über den Kaufpreis und die Möbel nachzuverhandeln. Der Verkäufer war wütend. Weil ich Spanisch spreche und das Gespräch in diesem heiklen Moment gut lenken konnte, ging der Deal schließlich doch noch über die Bühne. Hätte ich nichts verstanden, dann hätte dieser Hausverkauf nicht funktioniert. Ich konnte zwischen den Parteien vermitteln und schlichten, und das in ihrer Sprache. Bei solchen Deals sind oft auch die Emotionen wichtig.

Und wenn das Bauchgefühl bei Käufer und Verkäufer nicht stimmt, springt der eine oder andere womöglich vor Abschluss des Geschäfts ab. Deshalb benötigt man viel Fingerspitzengefühl. Und genau das kann man nur einsetzen, wenn man die entsprechende Sprache spricht und den Kunden und seine Ansprüche auf Anhieb versteht.

Ich weiß noch genau, wie ich früher Englisch mit meinen Vokabelkarten gelernt habe. Stundenlang habe ich mir die Wörter eingetrichtert. Spanisch genauso. Und neuerdings lerne ich Russisch. Als ich mit einer schweren Grippe im Bett lag, kam mir auf einmal der Gedanke, dass ich etwas Ungewöhnliches machen sollte. Ich brauchte mal wieder eine neue Lebenserfahrung, ein Erlebnis, das mich prägen, aber auch an meine Grenzen bringen sollte. Ich beschloss, mir eine Sprachschule in Moskau zu suchen und für ein paar Wochen nach Russland zu fliegen und die Sprache zu lernen. Am nächsten Tag schleppte ich mich krank und verschnupft zur Deutschen Botschaft in Palma und beantragte einen weiteren Reisepass. Da ich keinen Personalausweis habe, brauchte ich einen zweiten Reisepass, denn der aktuelle Reisepass musste nach München zur Russischen Botschaft geschickt werden, um mein Visum zu beantragen. Zwei Tage vor dem geplanten Abflug erhielt ich endlich mein Visum. Dreieinhalb Wochen Moskau. Im absoluten Luxushotel »Four Seasons Moscow«. Was für ein Erlebnis! Dieses Buch habe ich auch in Moskau zu Ende geschrieben.

Wie kommt man nur auf die Idee, einfach nach Moskau zu fliegen, um Russisch zu lernen? Zum einen bin ich überzeugt davon, dass man eine Sprache nur im jeweiligen Land so richtig erlernen kann, da man nur dort direkten Kontakt zu den Menschen hat und im Gespräch lernen kann, sie zu verstehen. Zum anderen ist das Reisen natürlich eine tolle Erfahrung. Wenn ich nach Amerika, Asien, in die Arabischen Emirate oder in ein europäisches Land fahre, weiß ich, dass ich mich nach relativ kurzer Zeit ganz gut auskenne. Aber in ein völlig fremdes Land zu reisen, in dem man noch nie zuvor war, ist eine völlig andere Herausforderung. Allein die Passkontrolle bei der Einreise nach Russland war schon ein wenig unheimlich, weil der Typ, der da saß, echt böse aussah.

Vor dem ersten Unterrichtstag hatte ich wirklich Respekt. Ich kam mir vor, als wäre ich in die Schulzeit vor 15 Jahren zurückversetzt. Aber es machte Spaß und war eine interessante Erfahrung, die mir niemand mehr nehmen kann. Ich lernte dort tolle Menschen kennen. Im Fitnessstudio des Hotels lernte ich einen Hedgefond-Manager aus Genf kennen, der in Moskau reiche Russen zum Investieren in Europa animierte. Er erzählte, dass er mindestens vier- bis fünfmal im Jahr zum Golfspielen nach Mallorca komme. Ich freute mich, so wieder einen neuen, interessanten Kontakt zu haben. Beim Frühstück traf ich einen Herzchirurgen, der in Moskau die Schönen und Reichen behandelt, die Herzprobleme haben oder dem einfach vorbeugen wollen. Am Buffet kamen wir ins Gespräch. Dann saßen wir zusammen am Tisch und er erzählte mir, wie das Leben in Moskau funktioniert und wo man am besten feiern kann. Auch wieder ein guter Kontakt. Und so kam es, dass ich mit meinen 32 Jahren wieder begeistert die Schulbank drückte. Aber dieses Mal in Moskau. Why not?

VIVA ESPAÑA

AUF NACH MALLORCA

Mittwoch, der 23. August 2006, ein wichtiger Tag in meinem Leben. Der Tag, an dem ich meine Heimat endgültig verlassen habe. Goodbye Deutschland. Auf und davon, um ein Leben in einem anderen Land zu beginnen und um mich neuen Herausforderungen zu stellen. Ich hatte mich von Deutschland aus an der European University in Barcelona eingeschrieben, um dort per Fernstudium International Business und Marketing zu studieren. Meine Highschool aus Colorado hatte mir diese Universität nach Rücksprache empfohlen. Für Mallorca als Lebensmittelpunkt habe ich mich entschieden, weil ich schon immer regelmäßig mit meinen Eltern Urlaub auf der Insel gemacht hatte. Alle sechs Monate bzw. nach jedem abgeschlossenen Semester musste ich nach Barcelona fliegen, um dort Prüfungen zu absolvieren.

Mein Pferd hatte ich von Deutschland nach Spanien mitgenommen und in einem Reitstall in der Nähe von Palma untergebracht. Das Pferd war von einem deutschen Transportunternehmen von Nürnberg nach Barcelona gefahren und dann mit der Fähre nach Mallorca übergesetzt worden. Den Transport begleitete damals zufällig eine Frau, die als Headhunter und Showreiterin für Apassionata, die größte und erfolgreichste Pferdegala Europas, tätig war. Als sie mich beim Pferdetraining beobachtete, kam sie zu mir und fragte mich, ob ich Interesse an einem Casting für die Europatour 2006/2007 von Apassionata hätte. Wie? Ich sollte als Showreiter auf einer internationalen Pferdegala vor Zehntausenden Menschen mitwirken? Hörte sich interessant an, und da ich mich damals noch mit Reitunterricht über Wasser hielt, war das ein verlockendes Angebot, um mein Leben auf Mallorca zu finanzieren.

Ein paar Wochen nach meinem Umzug nach Mallorca flog ich für eine Woche nach Berlin-Brandenburg, um mich dort für das Casting bei Apassionata zu präsentieren. Es war alles sehr spannend für mich. So viele Reiter aus den unterschiedlichsten Ländern! Die Show war gigantisch und ich war echt begeistert. Nachdem ich die Proben für die Show absolviert hatte, flog ich nach vier Tagen wieder zurück nach Palma. Als ich den Anruf erhielt, dass ich im Team sei und von nun an durch ganz Europa touren würde, war ich überglücklich. Ich sah es als tolle Chance, Geld zu verdienen und zugleich die Metropolen Europas zu besuchen. Na ja, ganz so toll war es dann natürlich doch nicht. Ganz im Gegenteil, es war unglaublich aufreibend und anstrengend, jeden Freitag von Palma mit mehreren Stopps und Zwischenlandungen durch ganz Europa zu fliegen, um vier oder fünf Shows zu präsentieren. Sonntagnacht oder Montagmorgen kehrte ich dann wieder zurück nach Mallorca.

Nach ein paar Wochen wurden mir das Leben auf Mallorca und das ständige Lernen zu langweilig. Dadurch, dass ich ein Fernstudium absolvierte, konnte ich natürlich auch nur schwer neue Menschen kennenlernen. Ich saß zu Hause und lernte, am Wochenende ritt ich die Show bei Apassionata. Rückblickend muss ich sagen, dass Apassionata eine großartige Erfahrung war, aber finanziell wirklich eine Ausbeute. Doch immerhin hatte ich einen Job und konnte mein Leben auf Mallorca damit gerade so bestreiten. Schnell war mir allerdings klar, dass ich mir aus finanziellen Gründen, aber hauptsächlich, um neue Kontakte aufzubauen, einen weiteren Job suchen musste. Nur was sollte ich als Ausländer auf einer Ferieninsel machen? Eigentlich gibt es da so gut wie kein Angebot. Gastronomie, Immobilien oder Yachting. Im Hotel oder in einem Restaurant wollte ich nicht arbeiten, da diese Tätigkeiten oftmals nur saisonbedingt vergeben werden und ich etwas Langfristiges suchte. Boote zu verkaufen konnte ich mir ebenfalls nur schwer vorstellen, weil ich von Technik nicht wirklich viel Ahnung habe. Also blieb lediglich der Bereich Immobilien übrig. Da ich Häuser und Architektur schon immer spannend fand, erschien es mir reizvoll, mal in diese Branche hineinzuschnuppern. Dass es mir dann so gut gefallen würde und sich daraus ein Business entwickeln würde, wie ich es heute habe, hätte ich mir zu diesem Zeitpunkt nicht gedacht.

MEIN ERSTER TAG ALS IMMOBILIENMAKLER

Die Immobilienbranche erschien mir interessant, spannend und abwechslungsreich. Außerdem hatte ich schon immer ein Faible für Architektur und Innendesign. Zwei große Firmen, die größten der Insel, waren mir namentlich bekannt und so bewarb ich mich bei ihnen. Einen Tag später rief ein Mitarbeiter von Engel & Völkers aus Palma bei mir an und bat mich am nächsten Tag zu einem Vorstellungsgespräch. Ich war unglaublich aufgeregt, denn am Telefon hatte es geheißen, dass das Vorstellungsgespräch in drei Sprachen stattfinden würde. Gut, dass ich »meine« Sprachen beherrschte. Mit Spanisch habe ich mich zwar anfangs noch etwas schwergetan, besonders weil manche Spanier extrem schnell reden, aber es hat trotzdem alles gut funktioniert. Das Bewerbungsgespräch wurde von dem Direktor und Subdirektor geführt. Beide hintereinander, einmal auf Deutsch und einmal in einem Mix aus Spanisch und Englisch, um meine Sprachkompetenz zu testen und zu sehen, ob man mich auch auf Englisch und Spanisch sprechende Kunde loslassen konnte.

Am 2. Januar 2007 begann dann meine Karriere als Immobilienmakler auf Mallorca. Der Witz an der ganzen Sache war, dass ich mit meinen gerade mal 19 Jahren weder Ahnung von diesem Job hatte noch über irgendeine Berufserfahrung verfügte. Sicher konnte ich meinen internationalen Schulabschluss und mein Sprachdiplom vorweisen, aber ich hatte keine spezifische Qualifizierung im Bereich Immobilien. Was sollte ich sagen, wenn ein Kunde ins Büro kam? Wie meldete man sich am Telefon? Ich wusste ja nicht einmal, wie man ein Telefongespräch zu einem Kollegen weiterleitet. Na, da hatte ich mir ja wieder was eingebrockt. Mit meinen drei verschiedenen Tätigkeiten kam ich mir allerdings vor wie ein echter Amerikaner. Nur mit dem Unterschied, dass ich auf Mallorca lebte. Von nun an war ich als Immobilienmakler, Showreiter und Student unterwegs. Von Montag bis Freitag vermittelte ich Häuser, von Freitag bis Sonntag präsentierte ich auf einem großen Friesen in ganz Europa die Apassionata-Show und irgendwie bekam ich zwischendurch auch noch mein Studium auf die Reihe. Wie ich das damals alles unter einen Hut brachte, kann ich mir heute selbst nicht erklären. Es war nicht immer einfach, daran kann ich mich noch erinnern.

Bei Engel & Völkers fühlte ich mich sehr gut aufgehoben. Das Verhältnis zwischen den Arbeitskollegen im Büro in Palma war entspannt und freundlich. Alle waren hilfsbereit und zuvorkommend. Es war toll, mit Kollegen aus der ganzen Welt zusammenzuarbeiten, auch wenn ich anfangs wirklich von nichts Ahnung hatte.

Zwei Wochen nach Arbeitsbeginn wurde ich auf das übliche Anfängerseminar nach Barcelona geschickt, um das Basiswissen zu diesem Beruf zu erlernen. Zwei Tage nach meiner Rückkehr saß ich allein im Büro. Es war gerade Mittagspause und meine Kollegen waren essen gegangen. Plötzlich ging die große Glastür auf und ein Spanier betrat das Büro. »Bon día.« Oh nein, ein echter Mallorquiner, so viel konnte ich vom Akzent her sagen. Und jetzt? Nur schnell weg, war mein erster Gedanke. Ich hatte keinen Plan, was ich tun sollte, aber dann versetzte ich mich einfach in die Lage des Kunden und stellte mir vor, was mir wichtig wäre, wenn ich der Kunde wäre und eine professionelle Beratung von einem kompetenten Makler erwarten würde. Zuerst bot ich daraufhin meinem Gegenüber etwas zu trinken an. Dann ging das Gespräch los. Er suchte eine Wohnung in der Altstadt von Palma. Zwei Schlafzimmer, Balkon und Parkplatz. Budget bis 400 000 Euro. Ich zeigte ihm am Computer einige Wohnungen, die ich mir in diesem Preissegment in der Woche zuvor angesehen hatte. Danach druckte ich ihm die Exposés aus und vereinbarte Besichtigungstermine für den nächsten Tag. »Hasta mañana, adios!« So, der erste Kunde war von mir bedient worden. Was für ein großartiges Gefühl! Obwohl ich durchaus ein Zittern in meiner Stimme gespürt hatte. Aber ich hatte es geschafft, meine erste offizielle Besichtigung am nächsten Tag zu organisieren. Ich hatte doch noch nie eine Immobilie präsentiert, und schon gar nicht auf Spanisch! Schlafen konnte ich in der Nacht kaum. Immer wieder dachte ich an den Termin mit dem Kunden. Die Begrüßung, der Weg zur Immobilie. Was wäre, wenn ich mich in der Altstadt verlaufen würde? Das passiert schnell, weil ja fast alle Gebäude sehr ähnlich aussehen. Dann würde ich das Haus nicht finden und der Kunde wäre stinksauer. Was, wenn der Schlüssel nicht ins Schloss passte und wir nicht hineinkämen? Wenn der Fahrstuhl stecken bliebe? Wenn der Kunde gleich wieder rückwärts aus der Wohnung ginge, weil ihm der Stil nun ganz und gar nicht zusagte? Was wäre, wenn der Kunde Fragen stellte, die ich ihm nicht beantworten konnte? Und was zum Teufel passierte, wenn er sich doch tatsächlich für eine Immobilie entscheiden würde? Schnell machte ich das Licht an und holte mein Handy. Es war inzwischen mitten in der Nacht. Ich suchte in meinem Handy die Funktion Taschenrechner und fing an zu kalkulieren. Der Kunde hatte ein Budget von 400 000 Euro, abzüglich der Summe, die an die Zentrale der Firma in Hamburg ging, minus den Prozentsatz, der an meinen Chef gehen würde, blieb für mich eine Provision von insgesamt fast 4000 Euro. Das wäre ja Wahnsinn! Ich würde mit diesem Verkauf auf einen Schlag fast 4000 Euro verdienen. Und das mit 19 Jahren. Dafür hätte ich bei Apassionata viele Shows reiten müssen, sehr viele! Das war natürlich extrem motivierend.

Am nächsten Tag war ich extrem aufgeregt und ging bereits zwei Stunden vor Arbeitsbeginn den gesamten Weg zu den Immobilien, die ich später dem Kunden zeigen wollte, ab. Ich wollte einfach auf Nummer sicher gehen und vermeiden, dass ich den Weg vor lauter Aufregung nicht finden würde. Dann druckte ich die Exposés und Informationen zu den Immobilien aus, stellte das Info-Kit für den Kunden zusammen und rief die Eigentümer erneut an, um die Termine zu bestätigen. Schließlich saß ich gespannt an meinem Arbeitsplatz und erwartete meinen Kunden. Wie es sich für einen echten Mallorquiner gehört, kam dieser natürlich fast 20 Minuten zu spät. Egal, nun ging die Tour los! Es verlief alles nach Plan, die Besichtigungstour war gut und ich blieb dem Kunden gegenüber ganz locker. Ich präsentierte die Wohnungen so gut wie nur möglich und versuchte, das Ganze so zu gestalten, wie ich es gern hätte, wenn ich selbst eine Immobilie suchen würde. Professionell, seriös, aber trotzdem sympathisch und locker. Nicht zu viel quatschen. Auf den Punkt genau. Meine Art und auch die Immobilien kamen an. Der Kunde wollte eine der drei Wohnungen am nächsten Tag nochmals mit seiner Frau sehen und sich dann entscheiden. Ich war überglücklich und hoch motiviert.

Am folgenden Tag ging es in die nächste Runde. Jetzt musste ich noch die Frau von der Wohnung überzeugen. Und wirklich: Drei Stunden nach der Zweitbesichtigung schickte mir der Kunde eine E-Mail, in der er ein Angebot für die Wohnung abgab. Ich war völlig aus dem Häuschen und leitete die E-Mail direkt an meinen Chef weiter. Kurze Zeit später traf ich ihn zum Gespräch. Wir mussten genau besprechen, wie wir nun vorgehen und mit dem Eigentümer verhandeln sollten. Ich rief den Eigentümer der Immobilie an und bat ihn am Abend ins Büro, um das uns vorliegende Angebot für seine Wohnung zu diskutieren. Es schien mir alles so irreal. Es ging immerhin um 400 000 Euro. Meine erste richtige Geschäftsverhandlung! Und mein erster Immobilienverkauf war zum Greifen nahe. Am Abend trafen mein Chef und ich den Eigentümer im Büro. Zuvor hatten wir eine interne Taktik vereinbart und hielten uns während des Gespräches daran. Der Eigentümer war ein harter Brocken, brachte ständig neue Einwände vor, und immer wieder musste mein Chef mit Argumenten kontern. Nach fast zwei Stunden und einem Hin und Her wie bei einem Pingpong-Spiel unterschrieb der Eigentümer schließlich das Dokument mit dem Angebot meines Kunden. Er hatte tatsächlich das Angebot akzeptiert und dem Verkauf zugestimmt. Sechs Wochen später stand der Notartermin an. Knapp zwei Monate nach Arbeitsbeginn in einem Job, in dem ich mich überhaupt nicht auskannte, hatte ich meinen ersten erfolgreichen Geschäftsabschluss in der Tasche und konnte meine Rechnung über fast 4000 Euro stellen. So viel Geld auf ein Mal. Jetzt hatte ich regelrecht Blut geleckt und wollte mehr. Aber es ging mir gar nicht unbedingt um mehr Geld, es war eher das Gefühl des Erfolges. Das Gefühl, einen Deal abzuschließen, zwei Menschen, Käufer und Verkäufer, glücklich zu machen. Aus einer Verhandlung herauszugehen und sagen zu können, dass alle Parteien zufrieden sind. Was für ein tolles Gefühl! Okay, das Geld ist auch klasse!

Nach meinem ersten Deal kam fast jeden Monat ein weiterer dazu. Nach vier Monaten konnte ich mein erstes eigenes Auto kaufen. Einen Peugeot 107. Es war zwar, glaube ich, das kleinste Auto auf Mallorcas Straßen, aber ich hatte es von meinem eigenen, selbst erarbeiteten Geld gekauft. Der Tag, an dem ich das Auto vom Autohändler abholte, wurde regelrecht zelebriert.

Nach einem Jahr war ich der erfolgreichste Mitarbeiter von Engel & Völkers auf Mallorca, und das waren immerhin damals fast 20 Büros und über 200 Mitarbeiter. Zugleich war ich der jüngste Immobilienmakler der Firma. Und ich hatte erkannt, dass ich meinen Traumberuf gefunden hatte. Ich hatte so viel Spaß dabei und sehr oft sagten meine Kunden zu meinem Chef, dass man mir die Begeisterung und die Leidenschaft für diesen Beruf anmerken würde. Mittlerweile hatte ich auch noch einen vierten Job angenommen. Nachdem ich regelmäßig auf Veranstaltungen auf Mallorca war und des Öfteren zu Ausstellungen und Präsentationen eingeladen wurde, hatte mir das Lifestyle-Magazin *Finest Addresses Mallorca* angeboten, eine Eventseite im Magazin zu gestalten. Vier Jahre arbeitete ich für das Magazin. Dann wurde die Zusammenarbeit leider von heute auf morgen beendet, weil sich immer öfter andere Maklerunternehmen beschwert hatten. Sie fanden es nicht in Ordnung, dass sie teure Werbeanzeigen im Magazin kaufen mussten, aber der Remus mit seiner Eventseite eine perfekte Plattform und somit kostenlose Werbung bekam. Eigentlich schade, aber leider ist es eben so auf Mallorca. Neid gibt es hier häufig, gerade unter den Deutschen. Da gönnt der eine dem anderen nichts. Gar nichts.

Durch meine Erfolge im Immobilienbereich veränderte ich meinen Lebensplan ein wenig. Mein Diplom im Bereich Marketing schloss ich ab, unterbrach aber mein Studium bis auf Weiteres. Ich hatte nicht vor, irgendwann weiterzustudieren, denn ich merkte einfach, dass ich mit Einsatz im Immobiliengeschäft viel Geld verdienen konnte.

Nachdem ich bei Engel & Völkers sehr erfolgreich Immobilien verkauft hatte, erhielt ich im März 2008 auf Empfehlung ein sehr lukratives Angebot von einem kleinen Immobilienunternehmen, welches sich ausschließlich auf die Vermittlung von Luxusimmobilien ab einer Million Euro auf Mallorca spezialisiert hatte. Das Angebot, die entsprechende Beteiligung am Umsatz sowie die Tatsache, dass mir ein Handy und ein Mercedes als Firmenfahrzeug gestellt werden würden, waren so interessant, dass ich es nicht hätte ablehnen können. Also kündigte ich Ende März bei Engel & Völkers und verließ das Unternehmen mit sofortiger Wirkung. Meine Kündigung sorgte nicht nur im Unternehmen für Furore. Mein Erfolg hatte sich bereits auf Mallorca herumgesprochen und somit auch meine Entscheidung, von nun an nur noch Luxusimmobilien zu vermitteln. Mit unglaublich viel Einsatz, Herzblut und Fleiß erweiterte ich innerhalb von einem Jahr und drei Monaten für meinen damaligen Arbeitgeber das Immobilienportfolio um über 100 Top-Luxusimmobilien. Durch meine Kontakte bekam ich immer mehr Luxusobjekte in den Verkauf und konnte meist durch direktes Klinkenputzen über 100 Häuser an Land ziehen. In einem Jahr und drei Monaten erwirtschaftete ich ein Gesamtvolumen von insgesamt 14,8 Millionen Euro, das heißt, ich verkaufte Häuser für insgesamt fast 15 Millionen Euro. Die Firma erhielt eine Durchschnittsprovision von 5, teilweise sogar 6 Prozent zuzüglich Mehrwertsteuer. Somit verdiente diese Firma in nur 15 Monaten 750 000 Euro durch meine Arbeit. Eine erstaunliche Leistung, wenn man überlegt, dass die gesamte Welt sich gegen Ende 2009 inmitten der Wirtschaftskrise befand.

Da mir mein damaliger Arbeitgeber keine Perspektive bot, war für mich schnell klar, dass ich das Unternehmen verlassen und mich selbstständig machen würde. Das sollte noch mehr Neid und Missgunst zur Folge haben.

Inzwischen kann ich damit umgehen. Und ich weiß, dass ich anders denke: Ich wünsche meinen Maklerkollegen nur das Beste und viele Geschäftsabschlüsse, denn das wirkt sich positiv auf die gesamte Insel aus. Schlecht über andere Makler zu reden, kommt für mich nicht infrage. Das würde nur ein schlechtes Licht auf mich selbst werfen. Und da ich sowieso alles anders als alle anderen mache, gibt es für mich sowieso keine direkte Konkurrenz.

MARCEL REMUS REAL ESTATE

JETZT MACHE ICH MICH SELBSTSTÄNDIG!

Meine Arbeit hatte ich gekündigt, die Entscheidung zur Selbstständigkeit war gefällt. Komischerweise riet mir plötzlich jeder von der Selbstständigkeit ab. Alle, denen ich erzählte, dass ich meine eigene Firma starten wolle, meinten, ich solle noch mal gut darüber nachdenken, schließlich befänden wir uns in einer großen Wirtschaftskrise. Manche hielten mich für verrückt, weil ich mich ausgerechnet in einem Bereich selbstständig machen wollte, der bereits mit Konkurrenz übersät war. Es gab so viele Immobilienmakler auf Mallorca, da wäre meine Firma wohl nichts Neues und es würde niemals funktionieren. Viele Immobilienmakler seien in der Vergangenheit schon gescheitert. Andere sagten, ich sei viel zu jung, um meine eigene Firma zu führen, keiner würde mich ernst nehmen. Ich würde schon sehen, was ich davon hätte, und bald zugeben müssen, dass die Entscheidung, eigene Wege gehen zu wollen, falsch gewesen sei. Irgendwie habe ich damals die Welt nicht mehr richtig verstanden.

Diese negativen Äußerungen kamen oftmals von Menschen, die ich seit längerer Zeit kannte und die mich eigentlich hätten unterstützen sollen. Schnell musste ich erkennen, dass diese Freunde sich mehr und mehr von mir abwandten und schlecht hinter meinem Rücken redeten. Wenn ich heute zurückblicke, kann ich mir das nur damit erklären, dass sie neidisch waren. Als ich noch ein Angestellter war, war alles in Ordnung, aber sobald die Rede davon war, dass ich meine eigene Firma gründen wollte, war der Neid offenbar zu groß. Viele waren plötzlich negativ eingestellt. Sehr motivierend ist das nicht, wenn man mit 22 Jahren als Deutscher im Ausland seine eigene Firma gründen möchte und so viele einem davon abraten. Aber auch was diese Entscheidung anging, ließ ich mich von nichts und niemandem beirren. Wenn ich mir etwas in den Kopf gesetzt habe, ziehe ich es auch komplett bis zum Ende durch. Schon allein wegen der ganzen Neider und falschen Freunde musste ich meinen Plan in die Tat umsetzen. Je mehr Menschen mir davon abrieten, desto mehr Power und Ehrgeiz entwickelte ich. Ich wollte es allen zeigen. Ich wollte genau diesen Menschen zeigen, dass alles im Leben möglich ist, wenn man nur ganz fest daran glaubt und sich mit vollem Einsatz engagiert.

Zunächst einmal musste ich mir Gedanken über den Standort meines neuen Büros machen. Da ich möglichst schnell selbstständig arbeiten wollte, blieb nicht viel Zeit, um nachzudenken. Die Frage war, ob ich mich in einer Gegend niederlassen sollte, in der es zwar Laufkundschaft zu gewinnen gab, ich aber ein Immobilienmakler von vielen wäre? Sollte ich ein Büro beziehen, das für mich zentral lag und einfach zu erreichen war? Auch die Kosten mussten genau kalkuliert werden. Ein Büro in Toplage mit Laufkundschaft würde mich im Zentrum Palmas oder im angesagten Hafen von Puerto Portals mindestens 4500 bis 6000 Euro pro Monat kosten. Das war eine Menge Geld und würde bedeuten, dass ich mindestens ein Haus für eine Million Euro im Jahr verkaufen musste, um allein die Bürojahresmiete zu erwirtschaften. Mal ganz abgesehen von der Tatsache, dass ich trotz einer guten Lage ja nicht wissen konnte, ob die Kundschaft auch zu mir und nicht zu den unzähligen anderen Maklern in der Umgebung kam. Ich beschloss, mir ein Büro zu suchen, bei dem die Kosten überschaubar blieben. Zugleich sollte es für mich persönlich leicht zu erreichen sein und sich in Palma befinden. Nachdem ich mir einige Büros angesehen hatte, war ich echt verzweifelt. Es gab nur Schrott auf dem Gewerbeimmobilienmarkt, und das zu horrenden Preisen.

Durch Zufall kam ich dann auf einen Bauträger, der seit 50 Jahren auf Mallorca Luxuswohnungen errichtet und auch Geschäftslokale in Palma vermietet. Ich schaute mir noch am selben Tag ein Objekt an und unterschrieb nach erfolgreicher Verhandlung in der gleichen Woche den Mietvertrag. Das Büro befindet sich in Palma, direkt am Kreisverkehr beim Krankenhaus von Son Dureta. Erstbezug. Eine perfekte Lage, da die Autobahn nur eine Minute entfernt ist und ich in zwei Minuten im Zentrum Palmas bin. Im Preis inbegriffen ist ein Tiefgaragenstellplatz. Aber wie immer gab es einen Haken: Mein Ladenlokal war noch komplett im Rohbau und sollte auch genau so übergeben werden. Das heißt, es gab weder eine Decke noch einen Fußboden. Es war einfach nur ein

Raum mit zwei großen Fenstern, sonst nichts. Keine Toilette und keine Küche, keine Klimaanlage, Heizung oder Beleuchtung. Trotzdem hatte ich den Mietvertrag unterschrieben und war glücklich über mein eigenes kleines, 72 Quadratmeter großes Büro. Der perfekte Start in die Selbstständigkeit? Eher nicht. Mit einem Innenarchitekten aus meinem Bekanntenkreis plante ich dann das Design des Büros, die Farben, die Aufteilung und die Raumgestaltung. Er hatte sogar ein Modell aus Pappe angefertigt. Alles sehr professionell, von Anfang an! Drei Monate lang baute eine Firma das Büro aus. Baubeginn war Mitte Juli und die Eröffnung sollte passend zu meinem 23. Geburtstag am 3. Oktober 2009 sein. Natürlich hatte dabei keiner von uns an den üblichen Sommerbaustopp auf Mallorca gedacht. Ab Ende Juli herrscht auf ganz Mallorca Baustopp und Sommerpause. Na toll, die nächste Hürde, die umgangen werden musste. An den Baustopp mussten wir uns zwar halten, aber bis dahin musste das Büro eben schon so weit fertig sein, dass man innen ohne großen Lärm weitermachen konnte. Also mussten die Bauarbeiter Vollgas geben. Ein Schreiner hatte bereits fleißig an den maßgefertigten Schreibtischen und Schränken gearbeitet und der Glasermeister war damit beschäftigt, Glastüren anzubringen. Das Büro sah schon während der Fertigstellung toll aus. Meine Idee war es, ein durchgestyltes Lifestyle-Wohnzimmer zu gestalten, das Gemütlichkeit ausstrahlte und gleichzeitig das Gefühl von Luxus vermittelte. Ich wollte kein durchschnittliches, ungemütliches Büro mit Immobilienfotos auf billigen DIN-A4-Zetteln im Schaufenster. Es sollte alles edel und besonders werden. Einfach anders als bei den anderen musste es sein. Ganz nach meiner Philosophie der fünf As: Alles anders als alle anderen (darauf komme ich im Kapitel »Fünfmal A: Die Philosophie meiner Firma« noch zu sprechen). Ich entschied mich für einen glänzenden, cremefarbenen Fußboden mit einem Laufsteg in mein Büro aus einer Fliese, die optisch einem dunklen Holzfußboden gleicht. Die Schränke und Schreibtische sind aus Cappuccino-farbenem Holz mit einer Lacklasur. Fünf große, schräg versetzte Holzbalken mit einer 10-fachen Goldfarbspachtelung verleihen dem Büro das gewisse Etwas. Besonders die indirekte Beleuchtung, die aus den goldenen Holzbalken scheint. Die Beleuchtung ist insgesamt sehr individuell. Seitlich vom Empfangsbereich wird eine durchgehende Schieferwand von drei Bodenstrahlern angeleuchtet. Der Empfangsbereich mit drei großen Korbsesseln und einem Tisch mit einer schwarzen Glasplatte wird durch einen großen, schwarzen Kronleuchter im Lackdesign erleuchtet und über jedem Schreibtisch hängt eine Designerlampe, die einem flachen Surfbrett gleicht. Die Küche ist schneeweiß und vom Büro durch weiße Fäden abgetrennt. Das Badezimmer ist klein, weist aber als Highlight ein knallrotes Glaswaschbecken auf.

Natürlich gab es noch viel mehr als die Räumlichkeit zu gestalten. Einen Webdesigner hatte ich schnell gefunden und er machte mir zahlreiche Vorschläge für das Layout meiner Firmenhomepage. Bezüglich des Firmenlogos hatte ich klare Vorstellungen. Es sollte edel aussehen und etwas mit meinem Namen zu tun haben. Mir schwebte vor, meinen Nachnamen aufzugreifen und eine Verbindung zu Rom und Romulus und Remus herzustellen. Säulen sollten daher in dem Logo eingearbeitet werden. Und ein Dach für die Häuser, die ich im Angebot habe – schon war das Logo fertig. Marcel Remus Real Estate war gegründet! Es blieb nur noch wenig Zeit bis zur Eröffnung.

Die schwierigste Aufgabe war es, die passende Sekretärin für mein Büro zu finden. Es suchen zwar viele Menschen auf Mallorca nach einem Job, aber die Qualifikationen lassen oftmals zu wünschen übrig. Loyalität und Vertrauen sind für mich die zwei wichtigsten Aspekte bei einem Mitarbeiter. Leider wechseln auf Mallorca die Mitarbeiter gerade in Immobilienagenturen sehr häufig. Somit wandern auch regelmäßig Kundendaten und ganze Listen mit Adressen und Kontaktdaten von einem Maklerunternehmen zum anderen. Ich führte einige Bewerbungsgespräche, bis mir von einer ehemaligen Kollegin von Engel & Völkers meine heutige Sekretärin und Assistentin Bettina empfohlen wurde. Sie war gerade auf der Suche nach einem Job und hatte bereits Erfahrung im Immobiliensektor gesammelt. Nach einem ausführlichen Gespräch über mein Vorhaben, meine Ansprüche und Vorstellungen war Bettina eingestellt. Unglaublich, aber wahr! Ich war erst 22 und hatte eine eigene Sekretärin. Und extrem stolz macht mich die Tatsache, dass Bettina bis heute meine persönliche Assistentin ist. Fast zehn Jahre nach Gründung meiner Fima ist sie immer noch im Unternehmen und managt das Büro und alle Back-Office-Aufgaben, erstellt Exposés, kümmert sich um die Webseite und erledigt alle Aufgaben, die im Büro anfallen. Eine nicht ganz so gute Phase gab es jedoch auch. Vor knapp fünf Jahren, ich kam gerade aus meinem Weihnachtsurlaub, das neue Jahr hatte begonnen und ich war im Stress, weil ich die neue Ausgabe meines Magazins *MR LIFESTYLE* (ich komme gleich noch darauf zu sprechen, wie das entstand) abschließen musste, stand Bettina plötzlich vor meinem Schreibtisch, schaute mich an, fing an zu weinen und offenbarte mir, dass sie zum Monatsende kündigen würde. Ich war fassungslos, hatte mit allem gerechnet, aber nicht damit, dass Bettina jemals kündigen würde. Sie hatte immer pünktlich ihr Gehalt bekommen, das Arbeitsklima war vom ersten Tag an gut gewesen und es gab gar keinen Grund zu kündigen. Aber Reisende soll man nicht aufhalten. Ich nahm die Kündigung also mit Fassung auf. Am nächsten Tag machten wir die Übergabe und ich stellte sie frei. Eine schlimme Erfahrung für mich. Sie war von einem anderen Maklerunternehmen in Palma abgeworben worden. Ehrlich gesagt, war ich anfangs ziemlich aufgeschmissen. Kundenanfragen, Kundentermine, Besichtigungen, Exposés in drei Sprachen erstellen, online auf die Website einpflegen, Telefonate entgegennehmen, all das musste ich plötzlich allein machen. Dennoch wollte ich vorerst keine neue Assistentin einstellen. Genau einen Monat später kontaktierte Bettina meine Mutter und wollte sich mit ihr auf einen Kaffee treffen. Bei dem Treffen stellte sich heraus, dass Bettina sehr gerne wieder zu mir ins Unternehmen zurückkehren wollte. Verstanden habe ich diese ganze Aktion nicht. Eigentlich bis heute nicht. Aber ich finde, jeder Mensch hat eine zweite Chance verdient. Auch wenn diese Hauruckaktion und damit all die unvorhergesehene zusätzliche Arbeit für mich echt hart gewesen waren. Ich überlegte ein paar Tage und stellte Bettina mit einer Gehaltserhöhung wieder ein. Mittlerweile sind es wie gesagt fast zehn gemeinsame Jahre und wir sind ein wirklich gut eingespieltes Team.

Doch zurück zum Start in die Selbstständigkeit: Als Nächstes musste ich mir über das Thema Marketing Gedanken machen. Ich wollte einen Immobilienkatalog haben, wie ihn auch alle meine Kollegen hatten. Immobilien hatte ich bereits nach und nach in mein Portfolio aufgenommen und weitere Kontakte zu Eigentümern von traumhaften Häusern geknüpft. Eines Tages war ich im Café »Cappuccino Puerto Portals« mit meinem Webdesigner verabredet. Während ich wartete, beobachtete ich die Gäste. Einige blätterten interessiert in den Katalogen meiner Maklerkollegen. Dann standen sie auf und verließen das Café, ohne sich den Katalog mitzunehmen. Rausgeschmissenes Geld! Da wusste ich, dass ich etwas anderes machen musste. Etwas Interessantes, das die Leute mitnahmen und was trotzdem mit Immobilien zu tun hatte und die Aufmerksamkeit auf meine Firma und die Tätigkeit als Immobilienmakler lenkte. Es sollte auch meine Firmenphilosophie widerspiegeln. Luxus und Lifestyle mit Klasse und Eleganz. Statt einen langweiligen Immobilienkatalog zu machen wie jeder, sollte es ein edles Lifestyle-Magazin werden. Ein Magazin mit interessanten Themen, Interviews mit Prominenten, Reportagen über Designer und Künstler, eingebettet in die luxuriöse Präsentation meiner Immobilien. Die Kontakte zu den interessanten Menschen hatte ich bereits und die Rechte, die Fotos der Immobilien abzudrucken, bekomme ich automatisch mit der Unterschrift des Eigentümers unter den Verkaufsauftrag. Ein guter Freund, der Teilhaber eines Verlages auf Mallorca ist, erstellte mir das Angebot für das eigene Magazin und arbeitete mit seinem Team an Ideen zur Umsetzung. Der Name des Magazins entstand aus den Initialen meines Vor- und Nachnamens. M für Marcel und R für Remus – *MR LIFESTYLE*. Erst nach ein paar Wochen brachte mich eine Freundin darauf, dass das auch als Mister Lifestyle gelesen werden konnte. So weit hatte ich ehrlich gesagt gar nicht gedacht. Auf dem Cover der ersten Ausgabe erschien Annie Lennox. Sie besitzt ein Haus auf Mallorca und passte somit sehr gut zum Thema. Ich hatte sie ein paar Monate zuvor zufällig bei einer Veranstaltung anlässlich der Filmfestspiele in Cannes getroffen und konnte mich somit ohne Probleme auf das Gespräch dort beziehen.

Gerade noch passend zum Eröffnungstermin war das Büro fertiggestellt und das Magazin aus der Druckerei gekommen. Eine Freundin, die ich aus dem Reitstall kannte, organisierte das Catering für die Eröffnung, da sie für eine renommierte Eventagentur und Cateringfirma tätig war. Es war alles geplant und organisiert, die Band war gebucht und das Essen ein paar Tage zuvor getestet und ausgesucht worden. Nun hieß es Daumen drücken, dass die Gäste auch tatsächlich zum Abend der großen Eröffnung auftauchten. Insgesamt kamen fast 100 Gäste, es herrschte eine tolle Stimmung, das Catering war vom Feinsten und die Musikband spielte perfekt. Am späteren Abend ging es weiter in die Diskothek »El Divino«, wo bis in die frühen Morgenstunden gefeiert wurde. Ein durch und durch gelungener Abend mit vielen interessanten Gästen und zugleich eine tolle Geburtstagsfeier. So startete ich in die Selbstständigkeit, was ich bis heute in jeder Sekunde immer wieder genauso machen würde.

Jetzt war es also ernst. Ich hatte mit 23 Jahren meine eigene Sekretärin, meine eigene Firma, mein eigenes Büro und mein eigenes Lifestyle-Magazin. Wie würde es nun weitergehen? Von einem sehr vermögenden Kunden, der auf Empfehlung an mich herangetreten war, erhielt ich den Auftrag, für ihn und seine Familie eine ganz besondere Immobilie ausfindig zu machen. Sobald ich etwas Einzigartiges gefunden hätte, sollte ich ihn anrufen. Nach entsprechender Recherche stellte ich den Kontakt zu dem Eigentümer einer spektakulären Immobilie in Puerto Andratx her. Dieser Eigentümer wollte eigentlich sein Haus nicht wirklich veräußern, nach einem längeren Gespräch war er jedoch bereit, die Pforten seines Anwesens für meinen Kunden zu öffnen und es ihm somit anzubieten. Einen Preis gab es bis dahin nicht, es ging ausschließlich darum, dem Kunden das Objekt zu präsentieren. Sollte es ihm gefallen und er es käuflich erwerben wollen, so würde man sich erneut zusammensetzen und einen für beide Seiten passenden Preis vereinbaren. Zeitnah informierte ich meinen Kunden über dieses Objekt und schlug vor, dass wir es uns kurzfristig ansahen. Gesagt, getan! In der gleichen Woche noch organisierte ich die Besichtigung der Immobilie. Das Wetter war an diesem Tag gigantisch und die Immobilie wirkte wie aus dem Bilderbuch. Es handelte sich dabei um ein Anwesen, das der bekannte Architekt Alberto Rubio geplant hatte. Er hatte ein Haus geschaffen, in dem er die Elemente Luft, Wasser und Licht unglaublich gut vermischte. Die Architektur glich einem fliegenden Vogel. Daher heißen seine Häuser auch Möwenhäuser. Auf Mallorca gibt es sechs dieser besonderen Häuser, jedoch war das Haus, welches ich für meinen Kunden an Land gezogen hatte, mit Abstand das spektakulärste. Mein Kunde verliebte sich während der Besichtigung innerhalb weniger Sekunden in dieses Traumanwesen, und seine Frau setzte das Kind an den Rand des gigantischen Überlaufpools und strahlte. Die Begehung dauerte sehr lange und mein Kunde nahm das Haus genauestens unter die Lupe. Er war begeistert! Zwei Tage später erhielt ich von ihm ein schriftliches Angebot für diese Immobilie. Zugleich schickte er mir eine lange Liste mit Fragen, die ich beantworten musste. Ich setzte mich mit dem Eigentümer in Verbindung und startete die Verhandlung in mehreren Schritten und ungefähr neun ausführlichen Telefonaten. Es war sehr spannend und für mich der bis dahin größte Deal. Nach fast zehn Tagen Verhandlung konnte ich beide Parteien, Käufer und Verkäufer, zusammenbringen und beide einigten sich auf einen Preis. Innerhalb von drei Tagen wurde der Optionsvertrag vorbereitet und unterzeichnet. Der Käufer leistete eine Anzahlung von zehn Prozent und sechs Wochen später war der Termin beim Notar, um den Verkauf komplett abzuschließen und die Immobilie an den neuen Eigentümer zu übertragen. Ich hatte es mit viel Geduld und Einfühlungsvermögen tatsächlich geschafft, eine Immobilie für fast zehn Millionen Euro zu verkaufen. Und das, obwohl ich gerade einmal seit fünf Wochen selbstständig war, die Welt sich in einer Megakrise befand, ich ein Makler unter Tausenden war und zumal noch der jüngste von allen. Was für ein gigantischer Start in die Selbstständigkeit!

Nach diesem Verkauf musste ich mir erst einmal keine Gedanken mehr um meine finanzielle Situation machen. Das war ein sehr beruhigendes Gefühl, was sich natürlich auch auf die Kunden auswirkte. Denn ich bin mir sicher, dass ein Kunde in dieser Kategorie es sofort merkt, ob man Druck hat und unbedingt etwas verkaufen muss oder ob man gelassen an die Sache herangeht. Menschen mit viel Geld, die ständig verhandeln, die ihre Millionen täglich selbst verdienen oder vermehren, merken sofort, wie der Hase läuft. Ich war so relaxt und gut gelaunt, dass sich dies auf meine Kunden übertrug. Schnell folgten weitere Verkäufe und Deals, obwohl ich zugeben muss, dass die allgemeine wirtschaftliche Situation eine unglaubliche Unsicherheit in den Immobilienmarkt gebracht und die Entscheidungsfreude der Kunden beeinträchtigt hatte. Es ist immer noch schwer, im Millionenbereich zu einem Abschluss zu kommen, und man benötigt sehr viel Ruhe und Gelassenheit, Charme, Seriosität, Professionalität, Schnelligkeit und besonderen Service. Wie bereits gesagt sind gerade auf Mallorca Immobilien bei mehreren Maklern im Angebot; die Exklusivität wie in Deutschland oder England gibt es hier extrem selten. Somit ist oft entscheidend, ob der Kunde einen Makler sympathisch findet oder nicht.

Der Erfolg hängt meiner Meinung nach in diesem Beruf also sehr stark von der Persönlichkeit ab. Man muss für jeden Kunden das richtige Gespür haben, sich gut auf den Kunden einstellen können, die Wünsche und Bedürfnisse erkennen und entsprechend interpretieren. Es geht nicht darum, dem Kunden so viele Häuser zu zeigen wie möglich, damit dann irgendwann das richtige dabei ist. Es ist vielmehr wichtig, sich in den Kunden hineinzuversetzen und ihm nur die Top-Immobilien zu präsentieren, die für ihn auch wirklich infrage kommen. Das spart seine und auch die eigene Zeit. Leider ist es häufig so, dass Makler auf richtige Immobilien-Safaritouren gehen und den Kunden völlig verwirren, weil sie ihm viel zu viele Häuser zeigen. Der Kunde kommt ins Büro, gibt die Information, dass er ein Haus mit vier Schlafzimmern und Meerblick für bis zu zwei Millionen sucht, und der normale Makler zeigt dem Kunden über 20 Häuser auf ganz Mallorca. Am Ende kauft der Kunde gar nichts und ist grundsätzlich völlig entnervt von Maklern. Warum? Weil er gar nicht mehr weiß, wo ihm der Kopf steht und er von all den Eindrücken und Informationen überfordert ist.

Das wollte ich von Anfang an anders machen. Bei mir kommt der Kunde erst einmal in mein Büro und wir setzen uns mindestens eineinhalb bis zwei Stunden zu einem netten Gespräch zusammen. Gemeinsam finden wir heraus, was der Kunde genau sucht. Ein Landhaus, eine Villa am Meer oder eine pflegeleichte Wohnung? Hat er Kinder oder Haustiere und braucht daher ein flaches Grundstück mit Rasen oder bevorzugt er Terrassenflächen? Welche Gegend kommt infrage? Dazu zeige ich ihm eine Karte von Mallorca, gehe die einzelnen Gegenden durch und beschreibe die Vor- und Nachteile der jeweiligen Lage. Ich befasse mich intensiv mit den Vorgaben der Kunden und informiere mich auch genau über deren Lifestyle. Es ist wichtig zu wissen, wie der Tagesablauf bei jedem Kunden aussieht. Es gibt so viele wichtige Fragen, die vor der Besichtigungstour zu klären sind. Bei vielen Maklern werden diese entscheidenden Informationen aber komplett unter den Teppich gekehrt. Sobald ich genau weiß, was der Kunde sucht, mache ich mich auf die Suche und stöbere durch mein

Portfolio an Immobilien. Dann erst entscheide ich, was ich meinem Kunden zeige. Oft ist es umgekehrt: Der Kunde sagt dem Makler, welche Häuser er sehen möchte, weil er sie auf der Webseite bereits gesehen hat. Aber ich bin doch der Spezialist und der Berater. Wie will denn der Kunde die Gegebenheiten und die genaue Lage der Immobilie kennen? Sicherlich nicht dadurch, dass er nur die Fotos im Internet gesehen hat. Der Makler hat das Sagen und muss sich dessen auch bewusst sein. Wenn ich für den Kunden die genaue Analyse erstellt habe, präsentiere ich in der Regel nie mehr als drei bis fünf Immobilien. Oft ist da schon das Passende dabei. Möchte der Kunde mehr sehen, dann empfehle ich ihm, alle anderen Immobilien mit einem Maklerkollegen anzusehen. Ich kenne mich aus im Bereich der Luxusimmobilien auf Mallorca. Ich kenne alle interessanten Häuser, die auf dem Markt angeboten werden. Wenn der Kunde meint, er müsse mehr sehen, ich aber überzeugt bin, dass ich ihm bereits die passendsten Immobilien gezeigt habe, dann soll er bei anderen Maklern sein Glück versuchen. Bisher war es so, dass 99 Prozent der Kunden nach ein paar Tagen abgekämpft zu mir zurückkamen und mir recht gaben. Natürlich macht es Sinn, dass der Kunde sich weitere Immobilien ansieht, wenn er noch nicht überzeugt ist oder meint, etwas zu verpassen, wenn er nicht weiterschaut. Unsicherheit kommt durch Unwissenheit! Für mich ist es auf jeden Fall enorm wichtig, als Makler alle meine Immobilien und die, die zum Verkauf stehen, zu kennen.

Für die Zukunft und die nächsten Jahre ist noch einiges geplant. Vor ein paar Jahren habe ich in einem Interview der Zeitschrift *in Touch* mal im Spaß erwähnt, dass ich mit 40 Jahren in Rente gehen würde. Das war natürlich nur so gesagt. Ohne Arbeit könnte ich gar nicht leben. Ich liebe meinen Job und den täglichen Umgang mit meinen Kunden.

Hier noch ein paar grundsätzliche Tipps: Vor Gründung einer Firma oder eines Unternehmens müssen immer zuerst die wichtigsten Fragen geklärt werden.

- Wen sprichst du an? Oder: Wer ist deine Zielgruppe? Wer braucht deine Dienstleistung oder dein Produkt?
- Was machst du anders als alle anderen?
- Wie kannst du mit deinem Business oder deiner Geschäftsidee genug Geld verdienen?
- Wie kannst du dein Business promoten und bewerben?

Gerade am Anfang ist Marketing ganz wichtig, da dich ja keiner kennt. Oftmals höre ich dann als Antwort: »Ja, das ist doch ganz klar! Über Social Media.« Aber auch das kostet Geld und Zeit. Und da bist du auch sicher nicht der Erste, der das versucht. Und was unbedingt vorab geklärt werden muss: Was brauchst du, um anfangen zu können?

Wenn du dir über all das ausreichend Gedanken gemacht, Lösungen gefunden und gute Ideen gesammelt hast, dann erst kannst du weitergehen.

WIE ES IST, MIT LIZ HURLEY UND ANDEREN STARS BEFREUNDET ZU SEIN

Im Frühjahr 2010 erschien die zweite Ausgabe meines Magazins *MR LIFESTYLE*. Dieses Mal hatte ich Elizabeth Hurley gebeten, mir ein Interview und Fotos für das Cover zu geben. Ich hatte sie ein paar Wochen zuvor auf einer großen Wohltätigkeitsveranstaltung im Hotel »Cap d'Antibes« kennengelernt und wir hatten uns auf Anhieb sehr gut verstanden und lange geredet. Dass sie meinen Wunsch erfüllen würde, hatte ich ehrlich gesagt gar nicht erwartet. Umso begeisterter war ich, als ich die Fotos per Mail erhielt. Sie hatte mich gebeten, den Redaktionsschluss um ein paar Tage nach hinten zu verschieben, da ihr Fotograf gerade an den neuesten Fotos arbeitete, die sie auf Mauritius hatte machen lassen. Somit erhielt ich kostenlos die schönsten Fotos von Elizabeth Hurley. Fotos, die weltweit bisher noch nirgendwo veröffentlicht worden waren. Zusammen mit meiner Sekretärin Bettina überlegte ich mir die Fragen für das Interview, stellte sie zusammen und schickte sie an Elizabeth. Ein paar Tage später erhielt ich die Antworten per Mail zurück und hatte somit die Coverstory fertig. Eine komplette Strecke mit Cover über ihre aktuelle Beach-Mode, Bikinis und Badeanzüge. Ich war begeistert!

Ein weiteres Thema im Magazin 2010 war der Designer Philipp Plein. Ihn kannte ich von der Power Child Gala, die jährlich von Martin Krug in München organisiert wurde. Im Magazin gab Philipp ein Interview zu seinem Werdegang und seiner Entwicklung als Designer. Noch ein Highlight im Magazin war der Bericht über die Tätigkeit der Elton John Aids Foundation. Besonders stolz bin ich darauf, dass Elton John und sein Ehemann David Furnish sich persönlich darum kümmerten, mir die entsprechenden Informationen zukommen zu lassen, und die Auswahl der Fotos übernahmen. Auch die Einladung zu ihnen nach Hause im Sommer 2010 freute mich sehr. Ich durfte eine ganze Woche bei Elton John in Nizza verbringen und interessante Persönlichkeiten wie den Sänger Bono von U2, Grace Jones oder Ed Lamato, Manager von Hollywoodstars wie Denzal Washington und Mel Gibson, treffen. Dass Elton und David mir dieses Vertrauen schenkten, bedeutet mir unglaublich viel. Die schönste Erinnerung an diesen Urlaub ist, dass David, die Security-Jungs und ich jeden Morgen Wake Board fuhren und wahnsinnig viel Spaß dabei hatten. Auch der Ausflug auf Elton und Davids Yacht mit Lunch-Stopp im angesagten »Strandclub 55« war ein sagenhaftes Erlebnis. Besonders, da wir zufällig auf Modedesigner Karl Lagerfeld trafen, der dort bei 30 Grad mit seiner

Muse Baptiste und einigen Freunden in hochgeschlossener Robe, aber mit den Füßen im Sand zu Mittag aß. Es war wirklich spannend, einen Blick in das Leben eines Weltstars zu werfen. Ich kann mich noch gut daran erinnern, wie ich um kurz vor acht Uhr morgens allein mit Elton draußen am Frühstückstisch saß. David und die anderen Gäste schliefen noch. Elton saß dort im Bademantel mit seiner Cap und einer rosa Lesebrille. Der Butler kam auf die Terrasse und fragte nach meinem Frühstückswunsch. Elton und ich begannen über den vergangenen Abend und das Konzert von Leonard Cohen zu sprechen. Plötzlich sagte er zu mir: »Weißt du, Marcel, das Wichtigste im Leben ist, dass du glücklich bist bei dem, was du tust.« Er hat recht und ich stelle mir immer wieder die Frage, ob ich in der Situation, in der ich gerade bin, glücklich bin. Wenn ich sofort mit Ja antworte, ist alles okay. Zögere ich jedoch, auch das kommt natürlich hin und wieder vor, dann sorge ich dafür, dass sich etwas in meinem Leben verändert. Es ist wichtig, dass man für sich selbst die richtige Entscheidung trifft. Auch wenn es manchmal schwer ist, weil man nicht weiß, was richtig ist. Die Grundlage des Erfolges ist die innere Einstellung. Das persönliche Glück. Befindet man sich in einer unglücklichen Situation, dann ist man selbst dafür verantwortlich, diese Lage zum Positiven zu verändern.

Im Laufe der letzten Jahre hat sich mein Magazin *MR LIFESTYLE* immer mehr auf dem Markt etabliert. Jedes Jahr wird es einfacher, Top-Stars und VIPs davon zu überzeugen, dass sie mir Fotomaterial zu Verfügung stellen oder Interviews geben. Auf das Interview mit meinem Freund DJ Robin Schulz bin ich auch sehr stolz. Mittlerweile waren neben Elizabeth Hurley Bekanntheiten wie Naomi Campbell oder Eva Longoria auf dem Cover. Die Mutter von Topmodel Naomi Campbell hat mir Fotos ihrer Tochter in der neuesten Kollektion von Roberto Cavalli besorgt. Und als ich in Los Angeles auf einer Party von Eva Longoria in ihrem Restaurant »Beso« war, ging ich zu ihr, bedankte mich für die Einladung und fragte, ob ich sie für mein Magazin gewinnen könne. Sie gab mir den Kontakt zu ihrem Manager und schon war das Ganze eingetütet. Warum das bisher immer funktioniert hat, kann ich nicht so richtig erklären. Mein Netzwerk habe ich auf jeden Fall in den letzten zehn Jahren extrem ausgebaut und ich bin stolz darauf, dass die Kontakte so bunt gemischt, international und hochkarätig sind.

SPORTLICHE DISZIPLIN IST ENTSCHEIDEND FÜR DEN BERUFLICHEN ERFOLG

Was bedeutet eigentlich »sportliche Disziplin«? Für mich waren sportliche Aktivitäten schon seit meiner frühen Kindheit wichtig. Na gut, als ich vier Jahre alt war, musste ich jede Woche in den Schwimmverein gehen. Da ich mit minus 10 Dioptrin links und rechts so gut wie blind bin und mit vier Jahren natürlich noch keine Kontaktlinsen tragen konnte, war der Schwimmkurs eine echte Strapaze. Ich bin sogar vom 3-Meter-Brett gesprungen. Mein Vater war damals extrem stolz auf mich, aber ich denke, ich bin damals einfach beherzt ins Leere gesprungen, weil ich ja nicht sehen konnte, wie tief es da runterging. Aber gut, was einen nicht umbringt, macht einen nur stärker. Immerhin kann ich jetzt gut schwimmen.

Als ich sechs Jahre alt war, hat mein Vater mich im örtlichen Fußballverein angemeldet. So richtig Spaß hat mir das zwar nicht gemacht, aber zumindest war ich gut beschäftigt und lernte, was es heißt, ein Teamplayer zu sein und sich mit anderen zu arrangieren. Ich war nicht gut, aber ich war schnell. Sehr schnell! Die dicke Hornbrille mit meinen sexy »Glasbausteinen« trug ich immer noch. Ein großes Mobbing-Thema zur damaligen Zeit. Ich kenne alle dummen Sprüche rund um das Thema Brille von Brillenschlange über Harry Potter bis hin zu »Geh doch mal aus'm Weg oder ist dein Vater Glaser?«. Die Brille hatte ich auch beim Fußballspielen auf. Bis zu dem Tag, an dem ein Gegner mir den Ball so fest an den Kopf schoss, dass die Brille in Einzelteile zersprang und durch die Gegend flog. Ich hatte eine große Schnittwunde oberhalb des Auges. Seit dem Tag trug ich beim Fußball Kontaktlinsen. Harte Kontaktlinsen. Und wer schon mal harte Kontaktlinsen hatte, weiß, wie unangenehm das sein kann. Jeden Samstag musste meine Mutter mir die Dinger reinmachen. Ich habe es gehasst. So sehr, dass ich immer Rotz und Wasser heulte. Wirklich schön war die ganze Fußballerfahrung also nicht. Eines Tages fragte mich der Trainer, ob ich im Sturm spielen wolle. Wie, im Sturm? Ich war nicht wirklich gut im Fußball und sollte jetzt ganz vorne stehen, direkt vor dem Tor des Gegners? Ich sei immerhin der Schnellste vom Team, meinte der Trainer.

Bereits am nächsten Samstag sollte ich das erste Mal an vorderster Front stehen. Für mich war das okay, bisher hatte ich immer ganz passabel im linken Mittelfeld gespielt. Von nun an stand ich eben direkt vor dem Tor des Gegners. Verrückt! Schießen konnte ich aber auch nicht richtig gut. Ich trat einfach mit voller Wucht gegen den Ball. Nicht mit der Pike schießen, sondern mit dem Spann, riet mir mein Vater. Aber verstanden habe ich es nicht. Eigentlich ging es ja nur darum, den Ball in das Tor des Gegners Tor zu bekommen, wie, war ja schließlich egal. Lustig war, dass die Taktik des Trainers tatsächlich aufging. Kurz hinter dem Mittelfeld wurde mir der Ball zugespielt und ich rannte so schnell ich konnte bis zum Tor der anderen Mannschaft. Als ich alle Gegenspieler abgehängt hatte und vor dem Tor stand, hielt ich einfach volle Kanne drauf. Und Tor! Das Spiel entschieden wir mit einem Ergebnis von eins zu null für uns. Das Tor war von mir! Somit war für mich klar, dass man nicht immer der Beste sein musste, um zu gewinnen. Man musste jedoch seine Stärken so ausnutzen, dass kein Gegner dagegen ankommen konnte. Mein Trainer hatte das erkannt. Er wusste, dass ich kein begnadeter Fußballer war, aber er hatte bemerkt, dass ich schneller war als alle anderen und somit den Gegnern einfach davonlaufen konnte. Am Ende der Saison wurde unsere Mannschaft sogar zum ersten Mal Kreismeister und ich zum Torschützenkönig gekürt. Was für ein Erfolg. Eigentlich völlig absurd, aber es hatte funktioniert.

Eines Tages besuchte ich mit meinen Eltern ein Reitturnier im Ort, in dem wir damals lebten. Zum Spaß setzte ich mich dort auf ein Pferd. Ich hatte im wahrsten Sinne des Wortes tierische Angst, fand es aber spannend, so ein großes Tier zu lenken. Meine Mutter war in ihrer Jugend des Öfteren geritten und wollte daher bei diesem Reitturnier zuschauen. Gerade die Springwettbewerbe fand ich ebenfalls hochinteressant. Eine Woche später fuhren meine Mutter und ich wieder in den Reitstall und buchten eine Reitstunde. Es gefiel mir, die Kontrolle über das riesige Pferd zu haben. Na ja, ich war damals neun Jahre alt und hatte natürlich nicht den Hauch einer Kontrolle über das Tier. Das Pferd machte im Grunde, was es wollte, und ich tat so, als wäre das von mir veranlasst und gewollt. Von dem Moment an hatte ich zweimal in der Woche Fußballtraining, am Wochenende ein Spiel und einmal in der Woche Reitunterricht.

Mit elf Jahren hängte ich meine Fußballschuhe für immer an den Nagel und widmete mich von da an täglich dem Reiten. Ein paar Monate später kauften mir meine Eltern ein eigenes Pony und ich fing an, an Wettbewerben und kleinen Reitturnieren teilzunehmen. Viele Trainer bestätigten mir Talent in diesem Sport. Leider mussten meine Eltern aus finanziellen Gründen das Pony nach einem Jahr wieder verkaufen. Das war echt hart für mich. Ich hatte mich so gut mit dem Pony verstanden und wir waren mittlerweile ein richtig gutes Team geworden. Mehrmals hatten wir den ersten Platz in Reiterwettbewerben gemacht und einige Erfolge für unseren Reitstall erzielt. Wenn jedoch der finanzielle Background kein eigenes Pferd zulässt, dann muss man Abstriche machen und Entscheidungen treffen. Mein Vater hatte die Entscheidung getroffen und das Pony von heute auf morgen verkauft. Dann mieteten wir ein geschecktes Wald-und-Wiesen-Pony. Es hatte drei Farben – Weiß, Braun und Schwarz – und hieß Lucky. Damals zahlten wir eine monatliche Rate für das Pony wie andere für einen Mietwagen. Wenn wir auf Turniere fahren wollten, liehen wir uns von einem Bekannten sein Auto mit Anhängerkupplung und seinen Pferdeanhänger. Der Witz war, dass meine Eltern nicht wirklich viel Ahnung von Pferden oder vom Transport von Pferden hatten. Wenn ich heute zurückblicke, dann hatten wir oft wirklich Glück. Der Pferdesport kann sehr gefährlich sein, wenn Leute davon keine Ahnung haben.

Als mein Vater beruflich nach Bayern versetzt wurde und wir nach Altdorf bei Nürnberg zogen, ritt ich regelmäßig in einem Reitstall in Neumarkt in der Oberpfalz. Mittlerweile konnte ich schon recht ordentlich reiten und hatte auch hin und wieder Unterricht im Springreiten. Bei meinem damaligen Trainer, Herrn Eberwein vom Reiterhof Mooswiese, lernte ich sehr viel. Ich bekam immer die schwierigen Pferde und musste mich durchbeißen. Das hat mir letztlich viel gebracht und ich möchte behaupten, dass ich heute mit ausnahmslos allen Pferden zurechtkomme. Nachdem mein Vater sich beruflich gut in Nürnberg etabliert hatte, kauften meine Eltern eine Stute für meine Mutter, die auch ich mehrmals in der Woche reiten durfte. Wir wechselten den Reitstall, und von nun an trainierte ich bei einem sehr angesehenen Dressurtrainer in der Nähe von Nürnberg. Meine Eltern kauften mir ein günstiges Pferd, Godessa, das so schwierig zu reiten war, dass der Vorbesitzer es zum Pferdehändler gegeben hatte. Nach Monaten harter Arbeit zusammen mit meinem damaligen Trainer konnte ich das Pferd schließlich auch allein bändigen. Es gab allerdings viele Dinge bei der Stute zu beachten. Wenn ich sie durch die Tür vom Stall in die Reithalle geführt hatte, musste ich schnell zur Seite springen, sonst hätte sie mich umgerannt. Sie hatte nämlich panische Angst vor engen Durchgängen und raste daher immer fast im Galopp in die Halle. Wer da im Weg war, war platt! Sie schlug beim Putzen aus, waschen konnte ich sie nur mithilfe von zwei weiteren

Personen, und beim Springreiten wurde sie so schnell, dass es eigentlich total lebensmüde war, mit diesem Pferd überhaupt anzutreten. Doch nach ein paar Monaten hatte die Stute so viel Vertrauen zu mir und ich so viel Ehrgeiz entwickelt, dass wir auf den ersten Turnieren vordere Platzierungen einheimsen konnten. Nach kurzer Zeit standen wir regelmäßig auf der obersten Stufe des Treppchens und gewannen einige hochdotierte Turniere. Der Sport beherrschte mittlerweile mein gesamtes Leben. Ich war morgens in der Schule, mittags wurde gegessen und danach ging es sofort zum Training in den Reitstall. Meine Lateinvokabeln lernte ich oftmals im Auto auf dem Weg dorthin. Nachdem mehr und mehr Erfolge dazukamen, wurde ich mit meiner Stute in den Regionalkader berufen und gehörte von nun an zu den besten Reitern im Kreis Franken. Von da an wandelte sich die Situation. Jetzt ging es darum, wer aus Bayern das beste Pferd hatte, wer den engsten Kontakt zu den Turnierrichtern hatte, wer den größten Pferdetransporter oder Pferdeanhänger hatte und wer schon als Kind seinen eigenen Pferdepfleger auf dem Turnier dabeihatte. Es war eine unglaublich aufgeblasene und oberflächliche Gesellschaft. Keiner gönnte dem anderen etwas und alle schienen von Neid zerfressen zu sein.

Ich hatte einige Male mein Pferd gewechselt, ein neues gekauft und wieder verkauft. Immer in der Hoffnung, mit dem nächsten Pferd noch besser klarzukommen und noch erfolgreicher zu sein, um dann im Bayernkader aufgenommen zu werden und daraufhin zur Auslese von ganz Bayern zu gehören. Natürlich hatte ich selbst einen unglaublichen Ehrgeiz entwickelt, aber das wurde alles gepusht von den damaligen

Trainern und Fürsprechern, die eigentlich alle nur am Erfolg richtig Geld verdienen wollten und regelmäßig versuchten, mir andere, angeblich bessere Pferde zu verkaufen, um daran fleißig Provision zu verdienen.

Der professionelle Reitsport ist echt ein toller und sehr interessanter Sport, trotzdem muss man höllisch aufpassen, wem man vertraut. Im harten Profi-Sport sind so manchen Menschen alle Mittel recht, um den eigenen Erfolg und den Misserfolg von anderen zu erreichen. Wenn ich mich zurückerinnere, gab es damals sowohl unter den Reitern als auch besonders unter den Turnierrichtern eine unglaubliche Schiebe-rei. Damit will ich natürlich keinem meiner Bekannten etwas unterstellen, aber es ist nun einmal Tatsache, dass eigentlich in jeder Sportart, bei der Menschen urteilen, sehr subjektiv und situativ bewertet wird. Besonders im Dressursport ist es so, dass du nicht weit kommen wirst, wenn dem Turnierrichter deine Nase nicht passt. Alles ist hier Ansichtssache und hängt immer von der jeweiligen Interpretation ab.

Wenn ich heute an diese Zeit zurückdenke, kommt mir immer ein kleiner, dicker, unzufriedener alter Mann in den Sinn, der auf jedem Reitturnier für Unruhe sorgte. Sein Sohn war damals in meinem Alter und ritt fast jedes Wochenende in denselben Prüfungen. Die Familie besaß mehrere Top-Sportpferde, eine wunderschöne Reitanlage und hatte eine eigene Pferdepflegerin engagiert. Die Pflegerin war eigentlich immer ganz nett, aber nur, wenn man sie alleine traf. Sobald sie in Begleitung ihres Chefs oder dessen Sohn war, nahm sie deren Umgangsformen an. Respektlos, unfreundlich und hinterfotzig. Dieser kleine dicke Mann zog im Hintergrund sehr viele Fäden. Ich glaube bis heute, dass er in der Lage war, so extremen Einfluss auf die Prüfungsrichter zu nehmen, dass diese immer zum Vorteil seines Sohnes entschieden. Ich konnte ihnen das natürlich nicht nachweisen, aber die Art und Weise, wie schlecht so manche richtig guten Reiter bewertet wurden, ließ darauf schließen. Noch bis heute werden bestimmte Turniere vom Sohn des dicken Mannes dominiert. Andere müssen eigentlich gar nicht daran teilnehmen, weil sie schon im Vorfeld wissen, wie Platzierung und Endergebnisse ausfallen werden. Egal, ob seine Pferde oder er einen guten Tag haben oder ob es mies läuft – der Sohn steht immer auf dem Treppchen. Es wurde in diesem Sport sogar teilweise so weit interveniert und geschoben, dass hoch qualifizierte Pferde kaputtgeredet wurden und talentierte Reiter nach langem Kampf gegen diese »Mafia« ihre Reitstiefel für immer an den Nagel hängten. Im tiefsten Innern hatte mir der Sohn dieses fiesen, dicken Mannes schon immer sehr leid getan, weil er von klein an die Marionette seines Vaters war. Vielleicht wäre der Sohn ein netter Kerl geworden, wenn sein Vater nicht so ein Idiot gewesen wäre.

Mein persönliches Fazit aus dieser Begegnung war ganz klar: Geld regiert die Welt. Klingt schrecklich, ist aber die knallharte Wahrheit. Für mich ein weiterer Anreiz dafür, zu den Menschen gehören zu wollen, die Geld haben. Viel Geld. Aber ich wollte auch hart für mein Geld arbeiten. Geld macht Spaß, Geld macht frei, Geld macht geil, Geld gibt Macht. Ohne Moos nix los. Geld ist vielleicht nicht alles, aber viel. Wer behauptet, Geld sei nicht wichtig im Leben, hat nicht viel verstanden. Oder leben wir wirklich alle nur von Luft und Liebe?

Ich kenne beide Seiten der Medaille. Ein Leben mit und ein Leben ohne Geld. Und egal, was andere Leute über mich denken, ich bevorzuge ganz klar das Leben mit Geld. Aber, Vorsicht! Geld macht süchtig, Geld verändert, Geld bedeutet Verantwortung. Aus der Geschichte mit dem Marionetten-Sohn, dem Idioten-Vater und der unfreundlichen Pferdepflegerin habe ich gelernt, dass ich zwar schnell mein eigenes Geld verdienen, aber trotzdem nett bleiben will. Bodenständigkeit ist das Erfolgsgeheimnis. It's not all about Louis Vuitton, Gucci, Prada oder Dolce & Gabbana. Bleib, wie du bist, und das Wichtigste: Bleib dir selbst immer treu! Sei sparsam und fang bloß nicht an zu protzen. Sich selbst belohnen ist gut, aber immer in Maßen. Den Menschen, die richtig viel Geld haben, sieht man ihren Reichtum oftmals gar nicht an.

Doch zurück zum Sport: Beim Springreiten ist es anders als bei der Dressur. Wenn die Stange vom Pferd berührt wird und herunterfällt, dann ist das selbst für jeden Laien ganz klar zu sehen. Wenn die Zeit nicht reicht und der andere Reiter einfach schneller und somit besser war, dann ist auch das für jeden nachvollziehbar. Genau zwölf Jahre saß ich nun so gut wie jeden Tag im Sattel. Selbst mit meiner eigenen Firma und regelmäßigem beruflichen Zeitdruck und Stress ließ ich es mir nicht nehmen, meine zwei Pferde frühmorgens vor der Arbeit zu trainieren. Mittlerweile hat der Reitsport bei mir persönlich einen ganz anderen Stellenwert eingenommen. Bis vor ein paar Jahren gab es nichts anderes außer Schule und Reittraining. Jeden Tag. Einladungen zu Geburtstagsfeiern von Schulfreunden oder Klassenabschlusspartys musste ich so gut wie immer absagen, da ich wieder auf irgendein

Reitturnier irgendwo in Europa fahren musste. Ich habe mir sehr oft die Frage gestellt, ob ich durch diesen Sport, durch das intensive und teilweise von mir auch sehr verbissen betriebene Training etwas in meiner Jugend verpasst habe. Während alle anderen Party machten und sich über die neuesten Computerspiele austauschten, hatte ich mich darum zu kümmern, wie der Turnierplan für die Saison aussah oder ob das entsprechende Futter für meine Pferde beim nächsten dreitägigen Turnier vorrätig war. Ich glaube, meine Verpflichtungen waren von Anfang an ganz anders und erheblich anspruchsvoller als bei anderen Jugendlichen. Ich kann bis heute nicht sagen, ob das nun besser war oder nicht. Ich weiß aber ganz sicher, dass es für mich heute von Vorteil ist, dass ich damals so früh für mich selbst entscheiden musste und Verpflichtungen hatte. Ich war mir einfach immer bewusst, dass meine Hausaufgaben nach dem Essen schnell und präzise gemacht werden mussten, weil es danach zum Training ging. Da blieb gar keine Zeit, groß zu überlegen, ob ich erst noch fernsehen oder in den Nachmittag hineintrödeln wollte. Dadurch habe ich heute mein Zeitmanagement perfekt unter Kontrolle. Viele Menschen zahlen unglaublich viel Geld für Seminare, in denen sie lernen, wie man seinen Terminkalender plant, seine Termine organisiert und sich selbst zeitlich managt. Durch meine Erziehung, den intensiven Sport und die besondere Beziehung zu Lebewesen, also zu den Pferden, wurde mir das richtige Timing automatisch eingetrichtert. Trainiert wurde immer, ohne Ausrede! Egal, ob es draußen über 30 Grad hatte und die Sonne schien oder minus 10 Grad, sodass einem auf dem Pferd die Hände und Füße fast einfroren. Egal, ob ich mich nicht gut fühlte und Fieber hatte: Der Sport und die Tiere standen immer und zu jeder Zeit an erster Stelle und dadurch habe ich als Teenager schon gelernt, diszipliniert an Aufgaben heranzugehen. Ohne Disziplin kein Erfolg, ohne Erfolg kein Spaß, ohne Spaß kein Sinn. Ich muss dazu sagen, dass ich mir darüber auch immer im Klaren war und diese Situation auch gerne angenommen habe. Meine Eltern haben mich dabei unterstützt, hätten aber auch jederzeit akzeptiert, wenn ich diesen Sport aufgegeben hätte. Mein Vater sagt bis heute, dass er das Geld, das er in diesen Sport gesteckt hat, besser vor zehn Jahren in Immobilien auf Mallorca investiert hätte. Aber gut, alles hat seine Vor- und Nachteile.

Ich bin froh, dass ich diesen Sport damals für mich entdeckt habe, weil ich dadurch neben dem Zeitmanagement und der nötigen Disziplin auch sehr viel über Werte gelernt habe, die meiner Meinung nach im Leben sehr wichtig sind. Verantwortung dem Tier gegenüber und den nötigen Respekt, den man auch einem Pferd entgegenbringen muss, habe ich durch den täglichen Umgang mit ihm gelernt. Werte halte ich sowieso für sehr wichtig. Was sind Werte? Es sind Dinge, an die so manche jungen Menschen heute gar nicht mehr denken oder die sie im Rahmen ihrer Erziehung nicht mehr vermittelt bekommen: Ehrlichkeit, Familiensinn, Gerechtigkeit, Respekt, Hilfsbereitschaft, Verantwortungsgefühl, Höflichkeit, Bildung, Toleranz, Fleiß, Vertrauen, Leistungsbereitschaft, Mut, Wahrung von Tradition. Ich denke, jeder kann sich dazu seine eigene Meinung bilden und überlegen, wie wichtig diese Punkte für ihn selbst sind und inwieweit sie in seinem Leben verwirklicht werden.

Vor meiner Zeit als Austauschschüler in Amerika habe ich täglich sehr hart mit dem Landestrainer von Bayern trainiert. Meine Pferde standen bei ihm auf der Reitanlage, um an den Feinabstimmungen zwischen meinem Pferd und mir zu arbeiten und noch besser zu werden. Die Menschen, die den damaligen Landestrainer kennen, wissen, was ich mir täglich mit dem Training unter seiner Leitung angetan habe. Eigentlich bestand die gesamte Trainingsstunde nur aus seinem Geschrei in einer unglaublichen Lautstärke. Es gab Beleidigungen, die weit unter die Gürtellinie gingen, und das täglich. Was genau geschrien wurde und als was ich beschimpft wurde, möchte ich hier nicht wiedergeben. Ich bin wirklich nicht zimperlich und kein Weichei, was hartes Training angeht. Dass da zwischendurch mal ein Arschtritt in verbaler Form dazugehört, ist mir bis heute vollkommen klar! Aber wenn ich zurückdenke, dann war das der pure Wahnsinn, denn meine Eltern zahlten ja monatlich eine Menge Geld für diesen jähzornigen Trainer, der sich wohl selbst nicht leiden konnte und mit seinem Leben sehr unzufrieden gewesen sein muss.

Ich kann mich noch daran erinnern, dass einmal auf der Reitanlage das alljährliche große Weihnachtsturnier anstand. Der Landestrainer hatte mir gerade ein paar Wochen zuvor einen bildhübschen Hengst verkauft. Natürlich hatte er dabei kräftig Provision kassiert. Lackschwarz, beste Abstammung und gigantische Bewegungen wie ein Tänzer. Ich baute während des Trainings in den Wochen vor und während der Vorbereitung für das Weihnachtsturnier einen gewaltigen inneren Druck auf. An einem Tag wurde ich vom Trainer so laut angeschrien, dass selbst mein Pferd erschrak und bei dem Geschrei durchging. Die Vorbereitung galt damals der Juniorenprüfung auf Europameisterschaftsniveau, die ich anlässlich des Wettkampfes reiten musste. Schließlich war der Tag gekommen, eisige Kälte Mitte Dezember, ich war völlig verkrampft. Denn alle wussten natürlich in der Reitszene, dass der Remus schon wieder ein neues Pferd hatte und es an diesem Tag erstmals präsentieren würde. An diesen Druck kann ich mich genau erinnern. Es war ein dumpfer Druck, der im ganzen Körper verteilt war, eine unglaubliche innere Anspannung. Ich spürte überhaupt keine Freude, dass ich ein wunderschönes Weihnachtsturnier mit meinem neuen Pferd bestreiten würde. Der Landestrainer wollte mir bei der Aufwärmphase und der Vorbereitung für die Prüfung helfen, natürlich stimmte ich dem zu. Was blieb mir auch anderes übrig, ich konnte ja schlecht sagen, dass mein Trainer sich lieber vom Acker machen sollte. Er stand also in der Reithalle neben mir und ich musste immer wieder Volten, kleine Kreise, um ihn herum reiten. Auch dabei schrie er so laut, dass es durch die gesamte Halle schallte. Warum? Heute weiß ich, dass es Menschen gibt, die sich immer behaupten müssen, die anderen zeigen müssen, welch eine Macht sie haben. Dabei sind diese Menschen eigentlich extrem zu bedauern! Alle anderen Trainer, alle Eltern und alle Reiter, die auch in der Halle waren, schauten dadurch natürlich genau, was ich da machte. Zu überhören war er ja kaum! Dann kam das Schlimmste. Mein Trainer hatte eine weiße, lange Gerte in der Hand. Diese nutzt man für gewöhnlich, um dem Pferd den Takt anzugeben, wenn man es so weit versammelt und die Schritte verkürzt, dass es fast anfängt zu schweben. Dem Pferd wird dabei ganz leicht im Rhythmus auf das

Sprunggelenk bzw. das Knie getippt. Auch kurz vor der Prüfung sollte ich diese Übung machen. Ich war sehr verspannt, und wer sich mit Pferden auskennt, weiß, dass sich das Gefühl des Reiters sofort auf das Pferd überträgt. Pferde merken, ob ihr Reiter locker ist oder Angst hat. Bei mir traf ganz klar eher das Zweite zu. Der Trainer tippte mein Pferd im Takt hinten an, alles war gut. Plötzlich zog er die Gerte nach vorne und schlug mir mit voller Wucht auf den Oberschenkel. Das war extrem schmerzhaft, zumal bei Eiseskälte und dann noch eine halbe Minute vor Prüfungsbeginn. Die Prüfung meisterte ich meiner Meinung nach trotzdem mit Bravour. Ich bin zwar nur Achter geworden, aber wenn ich an die Strapazen denke, denen ich damals ausgesetzt war, dann war selbst dieses Ergebnis ein Riesenerfolg.

Nach dieser Erfahrung und dem blauen Streifen, den ich fast zwei Wochen auf dem Oberschenkel hatte, stand für mich fest, dass ich keine Lust mehr hatte. Sollten doch alle machen, was sie wollten, das war mir egal. Ich bin seitdem nicht mehr in diesen Stall gegangen. Stattdessen habe ich mich entschieden, für ein Jahr nach Amerika zu gehen, Abstand von allem zu gewinnen und mich um mich selbst und meine schulische Karriere zu kümmern. Auch anderen ist es ähnlich gegangen. Als einmal ein Kaderlehrgang bei diesem Trainer stattfand und alle Reiter aus dem Bayernkader zum zweitägigen Lehrgang auf die Reitanlage kamen, reisten nach der ersten Trainingsstunde gleich zwei Reiter wieder ab. Sie wollten sich diesem Gebrüll einfach nicht aussetzen und ergriffen auf der Stelle die Flucht.

Als ich nach einem Jahr Reitpause aus Amerika zurückkam, stand für mich fest, dass ich zwar wieder reiten wollte, aber nicht mehr unter diesem extremen Druck. Meine Eltern hatten während meines Aufenthalts in den USA den hübschen Rapphengst verkauft. Da die finanzielle Situation meiner Familie und die Auftragslage in der Firma meines Vaters damals sehr, sehr düster aussahen, war er nicht in der Lage, für ein neues Pferd so tief in die Tasche zu greifen wie zuvor. Ich wollte das auch gar nicht, denn ich hatte mittlerweile erkannt, dass es um weit mehr ging, als darum, auf einem Reitturnier den ersten Platz zu belegen. Für wen auch? Für bekloppte Trainer oder hinterlistige Marionettenzieher? Da waren mir meine Bildung und berufliche Entwicklung viel wichtiger!

Wir fuhren zu dem Pferdehändler, bei dem wir fast alle Pferde gekauft und noch mehr Pferde getauscht hatten. Als ich Miro sah und getestet hatte, war für mich klar, dass er es sein sollte. Die tierärztliche Untersuchung vor dem Kauf fiel allerdings negativ aus, sodass uns der Tierarzt von einem Kauf abriet. Ich setzte mich jedoch durch und ausschlaggebend war auch die Tatsache, dass dieses Pferd für unsere damaligen Verhältnisse bezahlbar war. Er war nicht einfach im Umgang, aber mit schwierigen Pferden hatte ich ja bereits zuvor meine Erfahrungen gemacht. Dann musste ich mich für einen Stall entscheiden. Wieder ein richtiges Leistungssportzentrum mit Trainern, die sich an ihren Schülern regelrecht austobten? Nein! Ich wollte auf einen Bauernhof. Meine Eltern hielten das für eine gute Idee, zumal ein Bauernhof weniger als die Hälfte im Monat kostete als eine Pferdebox bei irgendeinem Trainer. Ich trainierte mit Miro jeden Tag und machte einfach mein Ding. Das Fachwissen sowie die entsprechende Technik, um ein Pferd auszubilden und es auf einem gehobenen Leistungsniveau zu halten, hatte ich mir in den Jahren zuvor angeeignet. Ich war glücklich und zufrieden auf dem Bauernhof.

Am Anfang der Turniersaison im Jahr 2004 wollte ich es wieder wissen. Nachdem ich über ein Jahr lang nicht mehr an einem Reitturnier teilgenommen hatte, spürte ich wieder ein gewisses Kribbeln im Bauch. Das Training mit Miro verlief hervorragend und wir entwickelten uns zu einem sehr starken Team. Das erste Turnier nach langer Zeit war nicht berauschend, aber ich war zufrieden. Ich hatte ja auch meine Ansprüche im Vergleich zur Vergangenheit ziemlich reduziert. Für mich war nur wichtig, dass ich persönlich mit meiner Leistung und mit der meines Pferdes zufrieden war. Das ist auch bis heute in meinem Leben und meinem Beruf so. Egal, was andere von einem erwarten oder sich erhoffen, egal, wie das Geschäft oder der Wettkampf verläuft, entscheidend ist, dass man selbst hinterher mit sich zufrieden und sich treu geblieben ist. Man wird es so oder so nie allen recht machen können. Das habe ich damals erkannt und konnte von da an viel entspannter und lockerer an neue Aufgaben herangehen. Ich trainierte nur noch ohne Trainer für mich selbst. Nach kurzer Zeit stand ich bei Wettkämpfen in schwierigen Prüfungen ganz oben auf dem Treppchen oder belegte regelmäßig die vorderen Plätze. Mich interessierte damals auch kein Kader mehr, es war mir völlig egal, ob ich zu den Besten des Landes gehörte oder nicht. Ich war ich und ich hatte eine unglaublich enge Bindung zu meinem Pferd, was mir viel wichtiger war und persönlich erheblich mehr brachte. Der Sport lehrte mich, Liebe und Fürsorge zu entwickeln, besonders als mein erfolgreichstes Pferd Miro plötzlich verletzt war und wir wieder bei null mit dem Training anfangen mussten. Auch hier hing alles vom Teamgeist ab, von Pferd und Reiter, und dem Willen, es wieder bis ganz nach oben zu schaffen. Miro hatte damals eine schwere Sehnenscheidenentzündung und stand außerdem kurz vor einem Sehnenabriss im Hinterbein. Über ein Jahr lang durfte ich nur im Schritt reiten und musste Kilometer auf hartem Asphaltboden zurücklegen, um die Sehnenstränge und Fasern nach und nach wieder aufzubauen und langsam zu belasten. Nach monatelangem sehr umsichtigem Training konnten wir dann an unsere Erfolge anknüpfen und uns mit mehreren Siegen in der Klasse bis Intermediaire I steigern. Ein unglaubliches Glücksgefühl, wenn man als Team, das komplett erledigt war und von der Konkurrenz nur noch hämisch belächelt wurde, mit voller Power ein Comeback feiert und so erfolgreich ist wie nie zuvor. Viele in der Reiterszene hatten sowieso nicht mit meinem reiterlichen Comeback gerechnet, nachdem ich ein Jahr in Amerika gewesen war.

Turniere reite ich seit fünf Jahren nicht mehr. Miro und ich sind im Jahr 2007 Balearenmeister in der höchsten Disziplin geworden und haben uns somit sogar in Spanien behauptet. Danach ist er in Rente gegangen und steht nun im Norden Mallorcas mit anderen Genossen auf einer Wiese und genießt mit 27 Jahren sein Leben. Manchmal vermisse ich die alten Zeiten ein bisschen. Es war toll, jedes Wochenende mit meinen Eltern zusammen auf die Turniere zu fahren und die gemeinsamen Ziele zu verfolgen. Es kamen auch fast immer die gleichen Menschen zusammen und trotz des Konkurrenzkampfes entstand hier und da ein freundschaftliches Verhältnis mit tollen Erinnerungen. 2008 kaufte ich mir von meiner Provision, die ich für den letzten Geschäftsabschluss vor meiner Kündigung bei Engel & Völkers bekommen hatte, ein junges Pferd in Hannover, das ich trainierte und ausbildete, aber dann wieder verkaufte. Seither gehe ich fünfmal die Woche ins Fitnessstudio. Eine etwas andere Art des Trainings, die mich allerdings einen Bruchteil von dem kostet, was ich früher für den Reitsport ausgegeben habe.

Als Fazit nach diesen sehr turbulenten Jahren im Reitsport kann ich sagen, dass ich durch die vielen positiven und negativen Erfahrungen für meine Zukunft im Berufsleben und natürlich auch im privaten Bereich sehr viel gelernt habe. Ich bin froh, dass ich über Jahre hinweg täglich beschäftigt war und nicht wie ein paar meiner damaligen Schulkollegen auf die falsche Bahn geriet. Ich halte Sport generell für sehr wichtig, um sich abzulenken und den Kopf frei zu kriegen. Sport ist gut für Geist, Körper und Wohlbefinden. Wer sagt, Sport sei Mord, hat keine Ahnung! Der Reitsport hat mich viele Jahre begleitet und war ein wichtiger Teil meines Lebens, der mich sehr geprägt hat. Es ist ein grandioser Sport, der auf wichtige Aufgaben im Leben vorbereitet. Meinen Eltern und insbesondere meinem Vater bin ich für die Unterstützung dabei bis heute sehr dankbar.

FÜNFMAL A: DIE PHILOSOPHIE MEINER FIRMA

Was ist, wenn man eine Idee hat, die schon Millionen andere Menschen auf der ganzen Welt zuvor hatten? Was ist, wenn man ein Produkt verkaufen möchte, das schon viele andere Menschen im Angebot haben? Viele würden sagen, dass man sich besser etwas anderes ausdenken sollte. Andere würden meinen, dass man es grundsätzlich sein lassen sollte und dass der Plan, sich etwas auszudenken, um das große Geld zu machen, mit großer Sicherheit scheitern wird. Als feststand, dass ich meinen eigenen Weg gehen und mich im Immobiliengeschäft auf Mallorca selbstständig machen wollte, kam sehr schnell die Frage auf, wie ich das anstellen wollte. Es gibt so viele Makler auf Mallorca. Jede Putzfrau, jeder Gärtner hat einen Freund, der wiederum jemanden kennt, der sein Haus verkaufen möchte. Aber der Rechtsanwalt von diesem Verkäufer müsste dabei auch noch einen Teil der Provision bekommen ... Schrecklich! Einer muss die Arbeit machen und zehn andere stehen parat und wollen kassieren. Makler gibt es wie Sand am Meer. Und davon gibt es auf Mallorca bekanntlich sehr, sehr viel!

Zunächst gab es diese grandiose Idee, dass ich mein eigener Chef sein, eine Firma eröffnen wollte, mein eigenes kleines Immobilienbüro. Aber wie und wo? Zum Glück hatte ich in den Monaten vor dem Start in meine Selbstständigkeit sehr viele Immobilien an internationale Kunden veräußert und damit ein gutes Startkapital erwirtschaftet. Heute ärgere ich mich hin und wieder, weil ich mich nicht schon früher selbstständig gemacht habe. Warum? Weil ich bei jeder Veranstaltung, zu der ich eingeladen war, immer extrem von Mallorca geschwärmt habe. Ich habe Mallorca präsentiert, als wäre es meine eigene kleine Insel. Mallorca, die Top-Adresse, um zu investieren. Wenige Wochen später kamen dann diese Interessenten bzw. Investoren tatsächlich auf die Insel und kauften Immobilien. Diese Situation häufte sich. Leider war ich jedoch zu dem Zeitpunkt noch Mitarbeiter und nicht mein eigener Herr. Am Ende war ich es leid! Man ackert, man macht und tut, setzt sich für das Unternehmen ein und letztlich hat der Boss dabei nicht verstanden, wie man fähige Mitarbeiter motiviert und an das Unternehmen bindet. Pech gehabt! Und gut für mich! Denn irgendwann war dann der Zeitpunkt gekommen, an dem eine Entscheidung her musste. Alles oder nichts! Und das inmitten der Finanzkrise, mit 22 Jahren, im Ausland ... Als ich die Kündigung ausgesprochen hatte, gab es kein Zurück mehr. Nun volle Fahrt voraus! Um mich von meinen unzähligen Maklerkollegen abzusetzen, gab es nur eine Möglichkeit: Ich musste schneller sein und alles anders machen als die anderen! Früher fraßen die Großen die Kleinen. Heute fressen die Schnellen die Langsamen. Auffallen kann man nur, wenn man anders ist. Schnell stand daher die Philosophie meiner Firma fest: meine fünf As – alles anders als alle anderen. Und wenn ich heute zurückblicke, war das meine mit Abstand beste Idee! Das war der Start meiner Karriere. Die fünf As begleiten mich seither.

Nach wenigen Wochen schon trug meine Idee Früchte! Ich hatte mein Büro in eine Art Designer-Wohnzimmer verwandelt, meine Werbung sah eleganter und edler aus als die meiner Kollegen und entsprach dem Motto »Weniger ist mehr« und ich verbreitete trotz Wirtschaftskrise überall positive Energie und Power. Plötzlich kamen Kunden zu mir, mit deren Besuch ich frühestens in zwei Jahren gerechnet hätte. Warum das geklappt hat? Weil ich auch in diesem Fall nicht lange überlegt habe, was man alles anders machen könnte. Ich konnte die langweilige und typische Werbung der Immobilienbüros einfach nicht mehr sehen. Immer wieder nette Fotos von Häusern mit Meerblick für Millionenbeträge. Immer das Gleiche, und das bei so vielen Maklern, die alle was vom Kuchen abhaben wollen. Also war klar, dass ich meine Werbung etwas anders gestalten wollte und am besten so, dass kein Kollege es kopieren konnte. Niemand! Denn mittlerweile versuchten bereits einige meiner Kollegen, meine Arbeitsweise oder meine Präsentation in der Öffentlichkeit nachzuahmen.

Eines Tages saß ich nach einer Sportstunde im Fitnessstudio in der Sauna und grübelte. Komischerweise kommen mir in der Sauna immer die besten Ideen. Nach ein paar Minuten fiel mir ein, ich könnte mich in ein Superman-Kostüm zwängen und ein professionelles Fotoshooting absolvieren. Wie bitte? Ja, genau das habe ich für einen kurzen Moment gedacht. Das Foto sollte für eine Werbekampagne in einer Immobilienzeitschrift bestimmt sein. Aber ich in einem hautengen Superman-Kostüm? Konnte sexy sein, konnte aber auch eine große Lachnummer werden. So ist das mit Erfolg. Man kann dem größten Glück und dem absoluten Durchbruch total nah sein, aber wenn man nur eine klitzekleine Entscheidung trifft, die falsch ist, dann kann alles ganz schnell wieder vorbei sein und der Erfolg, der doch zum Greifen nah war, wieder so fern. Sollte ich das wirklich durchziehen, diese völlig verrückte Werbekampagne? Und das auf Mallorca, einer sehr kleinen Insel, auf der gefühlt fast jeder jeden kennt? Das war ja lächerlich! Daraufhin musste ich in der Sauna selbst laut loslachen, sodass mich die anderen Gäste seltsam ansahen. Aber ja, ich glaube, manchmal muss man einfach einen an der Klatsche haben, man muss verrückt sein und sich etwas trauen. Als ich nach zehn Minuten Schwitzen und etlichen komischen Blicken der anderen aus der Sauna kam, war für mich klar, dass ich am nächsten Tag einen Kostümverleih aufsuchen, mir ein Superman-Kostüm ausleihen und ein Shooting organisieren würde.

Meine Sekretärin Bettina zeigte mir den Vogel, als ich ihr von der Idee erzählte. Der Verleger meines Lifestyle-Magazins, der mir auch meine Werbekampagnen grafisch für den Druck zusammenbaut, riet mir sofort davon ab. »Das kannst du nicht machen. Du hast dir in den vergangenen 13 Monaten ein Mega-Image aufgebaut, und das in einer Geschwindigkeit wie keine andere Firma auf Mallorca. Außerdem musst du an deine Seriosität denken.« Okay, okay. Wer recht hat, hat recht. Doch ich fand meine Idee immer noch supercool, einzigartig – und durchaus fragwürdig. Aber ich hatte mich bislang noch nie von meinen Einfällen abbringen lassen. Also legte ich los. Den Termin für das große Shooting hatte ich schnell organisiert. Dann lieh ich das Kostüm in Palma aus. Die Dame, eine ältere Mallorquinerin, fragte auch gleich, wohin ich denn mit dem Superman-Kostüm wolle, es sei ja schließlich lange noch kein Fasching. Immer wieder musste ich selbst über meine Idee lachen. Im Fotostudio wurde ich dann gestylt und meine Haare mit Unmengen von Haarspray so fixiert, als wäre ich der echte Superman. Mein Kostüm passte wie angegossen. Der Fotograf holte schließlich eine Leiter. »Was willst du denn damit?« »Ganz einfach: Superman ist geflogen und genau so werden wir dich auch präsentieren und in Szene setzen.« Also stieg er auf die oberste Stufe der Leiter und gab mir Anweisungen. »Streck deine Arme nach oben, nach vorne aus! Winkel dein rechtes Bein an, nicht zu viel, jetzt der Blick. Geradeaus. Straight! Nach oben, Kinn nach oben, Power, Energie.« Nach knapp 30 Minuten hatten wir das perfekte Bild im Kasten. Geil! Was für ein Erlebnis. Wie bekloppt musste man sein!

Ein paar Wochen später kam es zur Veröffentlichung in dem besagten Immobilienmakler-Magazin mit zig anderen Werbeanzeigen von Immobilienagenturen auf Mallorca. Alles langweilig, aber meine Superman-Kampagne auf einer Doppelseite stach extrem heraus. Ich fand es klasse! Übertrieben und extrem, aber wer nicht auffällt, der fällt weg. Fazit dieser Aktion war, dass ich noch nie so viele Kundenanrufe und neue Kontakte erhalten hatte wie nach dieser gewagten Werbung. Man muss sich eben etwas trauen im Leben, egal, was die anderen sagen. Sicher muss man selbst 100-prozentig davon überzeugt sein und hinter dem stehen, was man tut. Man muss sich auch die Konsequenzen überlegen, wenn es in die Hose gehen sollte, und diese auch zu jeder Zeit selbst tragen. Wäre das Ganze schiefgegangen, wäre ich selbst schuld gewesen. Jeder Mensch hat seine eigene Vorstellung von Superman. Jeder kann diese Werbung nach seiner Meinung interpretieren. Fakt ist aber, dass der, dem es gefällt, darüber redet, und der, dem es nicht gefällt, ebenfalls darüber redet.

Ein paar Wochen nach Veröffentlichung der Kampagne hatte meine Superman-Werbung sogar Hollywood erreicht. Eines Morgens kam ich ins Büro und meine Assistentin fing an zu lachen. Nachdem ich meine Mails gelesen hatte, wusste ich warum. Jemand hatte sich den Spaß gemacht, mir eine Mail auf Englisch zu schreiben, in der stand, dass ich mit sofortiger Wirkung aufhören solle, die Figur Superman in meinen Werbeanzeigen zu kopieren. Die Nachricht stammte angeblich von Warner Bros./USA und war unterzeichnet von dem Marketing-Präsidenten der Firma. Ich hielt das alles zunächst für einen Witz, aber als ich die E-Mail-Adresse des Absenders näher betrachtete, war mir klar, dass diese Mail absolut ernst gemeint war. Jemand hatte sich vor lauter Neid und Missgunst die Mühe gemacht, herauszufinden, welche Firma in Amerika die Rechte an der Komikfigur hatte, und diesen Leuten meine Werbeanzeige weitergeleitet. Wie krank war das denn? Hatten die Menschen alle zu viel Zeit? Das Lustige an der Geschichte ist die Tatsache, dass ich ein paar Tage später direkt bei Warner Bros. Entertainment in den USA angerufen habe, um über diese Mail zu sprechen. Ich konnte das alles gar nicht glauben. Das Gespräch verlief überaus positiv. Besser, als ich gedacht hätte. Es wusste zwar keiner, woher genau ich anrief. Von Mallorca hatte man wohl in Los Angeles bei Warner Bros. noch nie gehört. Aber die Superman-Werbekampagne eines Immobilienmaklers kannte offenbar jeder. Die Reaktion? Der Marketing-Präsident fand meine Idee toll und machte Späße darüber, dass er sich melden würde, sobald er das nötige Kleingeld für Immobilien besäße, die ich in meinem Portfolio habe. Trotzdem bat er mich, ihm schriftlich zu bestätigen, dass ich die Werbung nicht weiter veröffentlichen würde. Als ich erzählte, dass ich nächsten Monat zur Oscar-Verleihung nach Los Angeles fliegen würde, lud er mich prompt zu einer Veranstaltung der Firma ein. Er meinte noch, er freue sich über den Kontakt. Ich war sprachlos! Hatte mich jetzt tatsächlich die Marketing-Abteilung von Warner Bros. Entertainment Inc. zu ihrer Oscar-Cocktailparty in L.A. eingeladen? Das war krass! Hatte das vielleicht wieder einmal etwas mit »Think positive« zu tun? Ich weiß es nicht. Aber das Ganze war großartig! Jemand hatte mich angeschwärzt und am Ende hatte mir genau das nur Positives gebracht:

1. Einen Kontakt zu Hollywood. Man kannte Marcel Remus Real Estate nun auch dort.
2. Ein interessantes Telefonat.
3. Eine Einladung zu einem Oscar-Event.

Somit hatte sich diese Kampagne auf jeden Fall gelohnt.

> Nur wenn man etwas wagt, wenn man sich traut, anders zu sein als die Masse, kann man in der heutigen Zeit etwas bewegen und Aufmerksamkeit generieren.

Das eigene Selbstbewusstsein ist dabei natürlich ganz wichtig, aber hey, zeig einfach, wer du bist und was du kannst. Geh auf die Menschen zu und du wirst sehen, sie werden dich freundlich empfangen. Vorausgesetzt natürlich, dass du dein Lächeln nicht vergisst. Sei du selbst und lass dich nicht verbiegen. Gut, man muss natürlich auch erst mal den Mut haben, den Marketing-Boss von Warner Bros. in Los Angeles anzurufen.

Ich flog dann ein paar Wochen später tatsächlich nach Los Angeles, besuchte die Oscar Viewing Party von Sir Elton John und sah sogar die gesamten Warner Studios an. Und das Beste an der ganzen Geschichte: Ein Kamerateam von RTL *Explosiv Weekend* begleitete mich, weil sie diese Story so abstrus fanden, dass darüber sogar berichtet wurde.

Meine fünf As spiegeln sich aber nicht nur in meiner Werbung wider, sondern zeigen sich gleich, wenn man mein Büro betritt. Als ich mich selbstständig machte, fand ich ein typisches Maklerbüro mit grellen Deckenleuchten, weißen Schreibtischen und DIN-A4-Zetteln mit Exposees im Schaufenster so ganz und gar nicht elegant und ansprechend. Und genau aus diesem Grund habe ich sehr viel Geld von meinem Ersparten in das Design und den Ausbau des Büros gesteckt. Nein, investiert – das klingt besser. Mein Büro sieht aus wie eine Art Lounge, Wohnzimmer mit Erdfarben, edlen

Kronleuchtern und schwarz glänzenden Wandlampen. Ein Laufsteg führt in mein Büro am Ende des Ladenlokals. Wir haben einen sehr schönen Empfangsbereich mit Lounge-Möbeln und drei Schreibtischen, eine kleine Küche, eine Toilette, einen Abstellraum und meinen separaten Bereich, damit ich in Ruhe arbeiten oder mit Kunden persönliche Gespräche führen kann. All das befindet sich in einer Lage, die definitiv nicht als 1a bezeichnet werden kann, denn dafür hatte ich anfangs definitiv nicht das Geld. Die Miete im Yachthafen von Puerto Portals zum Beispiel läge für so einen Laden bei mindestens 6000 Euro pro Monat. Und dann geht es ja erst einmal weiter: Nebenkosten, Mitarbeiter-Löhne, Werbung, Auto, Versicherungen usw. Und ruck, zuck ist man dann bei 20 000 Euro im Monat. Das heißt, man muss allein für die laufenden Kosten mindestens ein bis zwei große Häuser verkaufen. Diesen Druck wollte ich mir nicht antun. Zumal ich ja nicht wusste, ob mein Business überhaupt laufen würde. Oft hatte ich wirklich Angst. Wie sollte ich diese Kosten stemmen, wenn niemand eine Villa bei mir kaufen würde? Wenn mir solche Gedanken kamen, versuchte ich damals immer, mich davon nicht verrückt machen zu lassen.

Mir war und ist vor allem wichtig, dass man sich gleich wohlfühlt, wenn man meinen Laden betritt. Zum anderen will ich auch Luxus damit verkörpern. Wer bei mir eine Immobilie für mehrere Millionen kauft, soll sich im Büro gut aufgehoben fühlen. Teuer war es schon, aber es hat sich gelohnt und kommt bei den Kunden, die uns einen Besuch abstatten, immer wieder extrem gut an. Erinnerst du dich? Als ich damals den Laden anmietete, befand er sich in einem katastrophalen

Zustand. Es war ein Rohbau ohne Boden und ohne Decke. Keine Technik, keine Klimaanlage, kein Strom, nichts. Aber das Ganze war bezahlbar. Und nur darum geht es am Anfang. Ich glaube, viele junge Selbstständige machen anfangs den Fehler, gleich auf dicke Hose machen zu wollen, obwohl sie im Geldbeutel nichts haben, um es sich überhaupt leisten zu können. Besser ist: immer klein anfangen und niedrig stapeln. Das war mir stets wichtig und ich bin froh, dass mich der Erfolg und das viele Geld, das ich in den vergangenen Jahren verdient habe, nicht verändert oder gar verdorben haben. Ich denke zwar größer und traue mir erheblich mehr zu, auch mein Selbstbewusstsein ist stetig gewachsen, aber ich weiß ganz genau, woher ich komme und wie hart der Anfang war. Leider lassen sich viele Menschen sehr schnell blenden, wenn sie mal einen oder zwei gute Deals abschließen oder eine Gehaltserhöhung bekommen. Statt langfristig zu denken und das Geld auf die hohe Kante zu legen oder schlau in Marketing zu investieren, um daraus vielleicht noch mehr Geld zu machen, verprassen sie es beim Feiern oder kaufen sich eine teure Rolex.

Es spricht aber nichts dagegen, Geld in eine repräsentative Büroausstattung zu investieren, wenn man so weit ist, es sich leisten zu können. Ein einzigartig gestaltetes Büro ist Ausdruck der Persönlichkeit und zeigt die persönliche Einstellung zum Job. Wenn auch die Kunden davon beeindruckt sind und sich dort wohlfühlen, ist das Ziel erreicht und die Investition hat sich gelohnt.

BUSINESS-JOGGING

»Guten Tag, möchten Sie Ihr Haus verkaufen?«

Ich liebe meinen Job. Ich bin überglücklich, dass ich in jungen Jahren schon meine Leidenschaft zum Job des Immobilienmaklers entdeckt habe. Heute könnte ich mir gar keinen anderen Beruf mehr vorstellen. Und ich bin mir zu 100 Prozent sicher, dass ich mit keiner anderen Tätigkeit jemals so viel Geld verdienen würde. Zudem reizt mich der tägliche Kundenkontakt zu Menschen, die in ihrem Leben schon unglaublich viel erlebt und erreicht haben. Der Umgang mit Multimillionären, die wissen, was in der Welt abgeht, die schnell im Kopf sind, hohe Ansprüche haben, aber auch gerne bereit sind, für einen guten Service zu zahlen. Es gibt für mich nichts Spannenderes. Ich finde es großartig, mit diesen Menschen oftmals stundenlang unterwegs sein zu dürfen und während der Immobilienbesichtigung mehr über deren Charaktere zu erfahren. Spannend ist der Gedankenaustausch mit Menschen, meinen Kunden, die teilweise 400 bis 500 Millionen Euro an Vermögen besitzen oder große Firmen mit weltweit Tausenden Mitarbeitern lenken. Spannend ist auch der Umgang der Kunden miteinander, also beispielsweise die Kommunikation unter Paaren. Wer hat die Hosen an, wer entscheidet in der Beziehung? Wie ist der Umgangston? All das sagt viel aus und man merkt als Makler schnell, ob es sich um eine noch frische Beziehung mit »Hasi«, »Schatzi« und »Mausi« handelt oder ob ein weniger zärtlicher, eher genervter Ton herrscht, was oftmals bedeutet, dass das Paar schon mindestens zehn Jahre oder länger zusammen ist. Und wer entscheidet in der Regel bei einem Hauskauf? Meiner Erfahrung nach immer die Frauen. Die Frauen geben den Ton an, die Männer müssen bezahlen.

Das Allerbeste und mit Abstand Lustigste an diesem Job ist jedoch meine eigene Erfindung: mein Business-Jogging. Das Wort habe ich selbst erfunden, und ich glaube, die Makler-Tätigkeit im Sportoutfit auch. Dabei verbinde ich Sport mit Umsatz. Vor Jahren bin ich an einem richtig tollen Haus vorbeigefahren. Die Villa war so klasse, ich konnte es kaum glauben. Ich habe umgedreht, vor dem Haus geparkt, bin ausgestiegen und habe mir das Haus in Ruhe von außen angesehen. Ein Traum. Durch den Zaun konnte man einiges sehen. Gigantische Lage direkt am Meer, moderner, puristischer Stil. Ich war begeistert. Dann stieg ich wieder in mein Auto. Doch ich zögerte und fragte mich, was wohl passieren würde, wenn ich noch einmal aussteigen und einfach klingeln würde. Ich habe mir bildlich vorgestellt, wie der Eigentümer der Villa mir die Tür aufmacht, ich mich kurz vorstelle ... Dann waren die Gedanken plötzlich wie weggeblasen. Ich stieg aus, nahm mein *MR-LIFESTYLE*-Magazin und eine Visitenkarte, ging schnurstracks auf das Gartentor der Prachtvilla zu und klingelte. Es piepte. Eine spanisch sprechende männliche Stimme tönte aus der Gegensprechanlage. »Si, buenos tardes. Que hay?« (»Hallo, guten Tag. Was gibt's?«) Ich antwortete sofort: »Guten Tag, sind Sie der Eigentümer dieser schönen Villa?« »Nein«, sagte er, »ich bin der Hausverwalter, aber der Eigentümer ist gerade da.« Ich erwiderte: »Kann ich mit ihm sprechen?« Der Hausverwalter machte eine kurze Pause, dann sagte er: »Ja, einen Moment bitte.«

Wow, jetzt hatte ich plötzlich weiche Knie. Würde er herauskommen? Was sollte ich jetzt machen? Ich wischte mir den Schweiß von der Stirn. Es war Juli und wir hatten mindestens 30 Grad auf Mallorca. Ein kurzes Piepen ertönte. Jemand hatte den Türöffner betätigt. Ich drückte gegen die schwere Gartentür. Was für ein Eingang – wow! Die Haustür ging auf und ein Herr, der übrigens aussah wie Richard Gere, trat auf mich zu und streckte mir grinsend seine Hand entgegen. »Guten Tag, was kann ich für Sie tun?« Ich dachte nur, jetzt bloß keine Schwabbel-Schwitz-Hand hinhalten, also kurz noch mal die Hand unauffällig im Laufen an der Hose trocken gewischt und dann fest zugedrückt. »Guten Tag, mein Name ist Marcel Remus, ich bin Luxusmakler auf Mallorca und möchte jetzt Ihr Haus verkaufen!« »Jetzt? Verkaufen?« Er lachte und wiederholte das Wort verkaufen. »Mein Haus ist nicht zu verkaufen.« »Ich weiß, aber ich wollte mich einfach mal kurz vorstellen.« Er fuhr fort: »Vielleicht verkaufe ich in 20 Jahren.« Ich erwiderte: »Super, das ist perfekt, dann bin ich 53 Jahre jung und im besten Alter, um Ihre Villa an den passenden Käufer zu bringen.« Er lachte und fand meinen Satz anscheinend wirklich komisch. Er hörte gar nicht mehr auf zu lachen. »Ja, das wäre ein Deal«, sagte er dann. »Okay, dann gebe ich Ihnen jetzt noch meine Visitenkarte und für Ihre Gattin mein Lifestyle-Magazin.« »Ihr Lifestyle-Magazin?«, fragte er nach. »Ja, mein eigenes Magazin.« Er war begeistert. »Das ist toll. Und wissen Sie was? Ich finde Ihre Art gut, ich werde Sie morgen anrufen.« Ich schaute ihn überrascht an. »Wollen Sie jetzt doch verkaufen?« Er lachte wieder, blickte an mir vorbei und zeigte mit dem Finger auf das Nachbarhaus gegenüber. »Nein, nein, ich nicht. Wir sehen uns in 20 Jahren wieder, wenn ich dann noch lebe. Aber unsere Nachbarin, Maria Antonia, möchte ihr Haus verkaufen. Ich rufe Sie an und gebe Ihnen ihre Nummer.« Das war ebenfalls ein tolles Haus, ich war begeistert. Nachdem ich mich bedankt hatte, gab ich ihm erneut fest die Hand und verabschiedete mich. »Wir sehen uns ja dann in 20 Jahren wieder. Ich bin bereit.« Er fand das alles total lustig. Zurück im Auto musste ich laut lachen. Was für ein Erlebnis. So eine witzige Situation, die man eigentlich gar nicht richtig wiedergeben kann.

Am nächsten Tag rief mich der Herr tatsächlich an und gab mir die Kontaktdaten seiner Nachbarin. Ich bekam das Haus ins Portfolio. Nach diesem tollen Erlebnis war ich angefixt von der absoluten Kaltakquise. Von da an fuhr ich fast jeden Tag zu den exklusivsten Gegenden und Wohngebieten im Südwesten Mallorcas, parkte mein Auto am Straßenrand und joggte los. Ich hielt an den schönsten Häusern und Villen und klingelte. Business-Jogging, das heißt, sportlich und dynamisch durch die Straßen laufen, um an Objekte zu kommen, die kein anderer Makler bisher im Angebot hat oder um einfach nur nett »Hallo« zu sagen, mein Magazin abzugeben und meinen lustigen Spruch rauszuhauen. »Rufen Sie mich an, wenn Sie irgendwann verkaufen wollen, ich bin ja noch jung.« Oft sind die Eigentümer nicht persönlich vor Ort, aber dadurch kenne ich mittlerweile viele Hausmeister, Objektverwalter, Reinigungskräfte, Gärtner und Pool-Boys. Und wer weiß in der Regel als Erster, dass ein Hauseigentümer mit dem Gedanken spielt, sein Anwesen zu veräußern? Richtig! Die Hausangestellten. Und was passiert, wenn man als Makler zum Hauspersonal einen guten Draht aufbaut? Man wird im besten Fall empfohlen und bekommt die Liegenschaft ins Portfolio. Seit Jahren renne ich durch die Straßen Mallorcas. Zahlreiche Medien wie Spiegel TV oder RTL *Exclusiv* haben diesen »verrückten« Makler schon in Fernsehbeiträgen gezeigt.

Alles anders als alle anderen. Kaltakquise ist keine neue Erfindung, das ist klar. Aber es gehört Mut dazu, bei einem Fremden zu klingen, ohne zu wissen, was passiert. Welche Sprache spricht er? Was macht er gerade? Stört man? Wird er sauer sein? Ich habe beim Business-Jogging schon die tollsten Situationen erlebt, auch peinliche. Zum Beispiel klingelte ich eines Tages an einer Haustür und nach ewiger Zeit machte ein Engländer die Tür auf, der ziemlich verwuschelt aussah und nur ein Handtuch umgebunden hatte. Okay, ich wusste sofort, bei welcher Tätigkeit ich gerade gestört hatte. »Hallo, möchten Sie Ihr Haus verkaufen?« »What?« Ich musste innerlich schmunzeln. Klar, das war peinlich. Aber ich wusste in dem Moment nicht, ob es für ihn peinlicher war oder für mich. Plötzlich ging die Tür ein Stück weiter auf und hinter ihm stand eine halbnackte Dame. »What's going on?« Der Mann erklärte der Dame, dass da jemand ihr Haus verkaufen wolle. Sie sagte: »Jetzt aber nicht« und schloss die Tür. Ich habe dann mein Magazin in den Briefkasten geworfen. Gemeldet haben sie sich bis heute nicht. Na ja, sie scheinen auch vielbeschäftigt zu sein.

Nach so vielen Jahren des Türklinken-Putzens kann ich sagen, dass ich sehr selten eine Abfuhr bekommen habe. Natürlich gibt es ganz oft Menschen, die nicht verkaufen möchten. Aber so richtig unangenehme Erfahrungen habe ich eigentlich noch nie gemacht. Die beste Geschichte, die ich auch gerne erzähle, wenn ich irgendwo als Sprecher auftrete, ist die Herr-Paul-Geschichte.

Vor vier Jahren joggte ich in einer der teuersten Straßen von Santa Ponsa wieder wie ein Wilder von einem Haus zum nächsten und klingelte. Bei einem tollen Haus am obersten Punkt der Ensaimada von Santa Ponsa öffnete mir ein älterer Herr die Tür: Herr Paul. Ich sprach mit ihm über die Villa, das übliche Gespräch. Ließ mein Lifestyle-Magazin bei ihm und meine Visitenkarte. Mittlerweile gebe ich immer zwei Visitenkarten ab. Dann werde ich meist gefragt, wieso. Meine Antwort mit einem Lachen: »Falls der Nachbar verkaufen möchte, können Sie ihm gleich meine Visitenkarte geben.« 99 Prozent der Leute finden den Spruch super und lachen in dem Moment. Es muss eben alles sehr locker-flockig und auf keinen Fall stocksteif rüberkommen.

Aber zurück zu Herrn Paul. Drei Jahre später rief er mich an. Er hatte die Klingelaktion so toll gefunden, dass er sich daran erinnert hatte und mein Magazin nach all den Jahren noch in seinem Wohnzimmer hatte. Jetzt sei er 68 Jahre alt und müsse aus gesundheitlichen Gründen verkaufen. Ich vereinbarte sofort einen Termin mit ihm und saß am nächsten Tag bei ihm auf der Couch. Das Fazit: Herr Paul gab mir das Haus exklusiv in die Vermarktung, das heißt, kein anderer Makler durfte das Haus anbieten. Das ist sehr, sehr selten auf Mallorca. Leider gibt es kaum Exklusivität. In der Regel versuchen zehn bis zwölf unterschiedliche Makler, das gleiche Haus zu verkaufen. Wer den Kunden bringt, bekommt die Provision, alle anderen gehen dann leer aus. Das Haus von Herrn Paul konnte ich keine drei Monate später für zwei Millionen Euro an den Vorstand von Mercedes in Indien verkaufen.

Ich liebe diese Geschichte, weil sie zeigt, dass man mit viel Einsatz, Mut, Ehrgeiz und Ausdauer wirklich etwas erreichen kann. Und sechs Prozent Provision von zwei Millionen Euro ist eine Summe, für die es sich doch lohnt, schwitzend durch die Straßen Mallorcas zu laufen. Ganz entscheidend dabei ist aber, wie man es macht. Gute Kaltakquise ist richtig schwierig, das können die wenigsten. Diesen Moment so anzugehen, dass man den Menschen, der einem gegenübersteht, nicht nervt, dass die Situation nicht umschlägt in eine negative Erfahrung für den Hauseigentümer. Das ist extrem wichtig. Hier braucht man viel Fingerspitzengefühl. Wenn das Gegenüber die Tür schließt und lachend denkt, dass es einen anrufen wird, sobald es sein Haus verkaufen will, dann hat man gewonnen. Dann wird auch früher oder später der Anruf kommen und der Auftrag zum Verkauf der Villa. Man muss zurückhaltend, aber schlagfertig sein. Sensibel, aber draufgängerisch. Charmant, aber bestimmend. Laut, aber reflektierend. Aussagekräftig, aber nicht nervend. Wichtig ist, zu erkennen, wann man wieder gehen muss.

Oftmals laden mich Eigentümer, gerade Deutsche, die mich aus dem Fernsehen kennen, in ihr Haus ein und zeigen es mir freudestrahlend. Das ist immer lustig, aber auch da muss man erkennen, wann es genug ist. Ich möchte ungern unvorbereitet und unangekündigt durch deren Schlafzimmer laufen. Das kann eine schwierige Situation werden. Da ist dann eher Zurückhaltung angebracht.

In Port Andratx hatte ich auch einmal ein sonderbares Erlebnis. Ich klingelte dort an einer Haustür. Die Eigentümerin machte die Tür auf, guckte mich an, schrie laut los und knallte die Tür wieder zu. Ich stand erstaunt da und wusste nicht, was das sollte. Dann brüllte sie: »Da steht der Remus vor der Tür.« So laut, dass ich es durch die geschlossene Tür hindurch hören konnte. Schließlich machte sie die Tür wieder auf. »Kommen Sie doch rein auf einen Kaffee! Wir haben auch frischen Pflaumenkuchen mit Sahne. Ja, kommen Sie doch, unsere Tochter folgt Ihnen auf Instagram und ist ein Riesen-Fan.« Ich nahm die Einladung an und betrat das Haus. Nicht einmal 30 Sekunden später saß die gesamte Familie – Mutter, Vater, zwei Töchter und Oma – am Tisch und wir aßen Pflaumenkuchen und tranken Kaffee. Small Talk. Das Haus wollten sie zwar nicht verkaufen (noch nicht), aber der Kuchen war lecker. Dann machte die Tochter mit mir ein Selfie für ihren Instagram-Kanal und ich ging wieder. Lustige Situation, aber am Ende ist es genau das, was den Menschen im Kopf bleibt. Ich wette, wenn die irgendwann ihr Haus verkaufen wollen, rufen sie mich an.

Meinen engsten und besten Kumpel habe ich auch übers Business-Jogging kennengelernt. An einem Sommertag im Jahr 2011 joggte ich mal wieder durch eine der teuersten Straßen der Insel. Oben am Golfplatz von Bendinat verteilte ich meine Magazine in die Briefkästen und putzte Türklinken. Bei einem Haus fuhr gerade ein schwarzer Jeep heraus. Ich lief schnell zur Einfahrt, winkte dem Fahrer und begann mit meinem typischen Gerede. Schnell stellte sich heraus, dass die Gruppe im Auto das Haus nur für eine Woche gemietet hatte, um Freunde zu besuchen. Also verabschiedete ich mich, wünschte einen schönen Urlaub und fügte noch hinzu, dass sie mich anrufen sollten, falls sie irgendwann mal ein Haus kaufen wollten. Am Abend war ich zum 30. Geburtstag einer Bekannten eingeladen. Diniert und gefeiert wurde in einem Beach Club bei Palma. Alle Gäste trugen Weiß, denn das war als Dresscode ausgegeben worden, nur mir hatte keiner Bescheid gegeben. Und ich hatte ein knallrotes T-Shirt an. Das war schon mal der Running Gag an dem Abend, alle in Weiß und der Remus in Rot. Nachdem ich alle Gäste begrüßt hatte, fing plötzlich einer der Gäste an zu lachen und sagte: »Hey, bist du nicht der Makler, der immer durch die Straßen läuft und neue Häuser sucht? Habe ich im Fernsehen gesehen.« Da drehten sich einige um, schauten mich an und ein anderer meinte: »Ja, und heute Morgen warst du doch bei uns am Haus, als wir zum Strand gefahren sind.« Alle lachten. »Ja, das bin ich«, gab ich zu. Uwe, mein bis heute bester Kumpel, hatte auch in diesem Jeep gesessen. Seither ist er einer meiner sehr wenigen echten und guten Freunde, und ich besuche ihn regelmäßig in München.

Oftmals muss man einfach nur über seinen Schatten springen, seine Grenzen überwinden oder verschieben und sich Dinge trauen, die andere vielleicht nicht machen würden.

BEGEISTERUNG + AKTIVITÄT = ERFOLG

Bewegung bringt Erfolg. Wer krabbelt, kann nicht stolpern. Das sind Weisheiten, die ich mir täglich vor Augen halte. Ich glaube, eines meiner Erfolgsrezepte ist ganz klar meine persönliche Einstellung zum Job und zu dem Produkt, das ich meinen Kunden anbiete. In meinem Fall sind es Immobilien, aber das Produkt ist natürlich individuell austauschbar. Egal, was man verkauft, wenn man selbst davon überzeugt ist, merkt der Kunde das sofort. Die eigene Begeisterung ist entscheidend. Wenn man selbst nicht von seinem Produkt oder der Firma, für die man tätig ist, überzeugt ist, nicht zu 100 Prozent dahintersteht, dann sollte man sich schnellstens eine Lösung für dieses Problem überlegen. Ob ein Kunde sich für oder gegen das Produkt entscheidet, hängt zum größten Teil vom Verkäufer ab. Wenn der motiviert und begeistert ist und sich dann noch bewegt, aktiv und fleißig ist, ist es nur eine Frage der Zeit, bis sich der Erfolg einstellt. Und er muss »auf Zack sein«. Ich liebe diesen Ausdruck. Und die Kunden lieben es, wenn man auf Zack ist.

In meiner Branche ist es sehr schwierig, sich durchzusetzen, weil ja wie schon erwähnt auf Mallorca fast alle Makler die gleichen Häuser im Angebot haben. Diese Exklusivverträge, wie man sie aus Deutschland oder England kennt, also dass ein Haus von nur einem Makler angeboten wird, gibt es leider auf der Insel nicht oder fast nicht. Dadurch hängt sehr viel von mir selbst ab, denn wenn einem Kunden meine Art zu arbeiten nicht gefällt, dann geht er eben zu einem anderen Makler und erwirbt die Immobilie dort. Pech! Ausstrahlung, Benehmen und die persönliche Darstellung sind alles!

Wenn man sich mal fünf Minuten Zeit nimmt und genau überlegt, was ein anspruchsvoller Kunde sich wohl von einem wünscht, kann man die Antwort relativ schnell finden. Ich versetze mich dazu selbst in die Lage des Kunden und überlege, wie ich gerne behandelt werden würde. Wie sollte der Service eines guten Maklers aussehen? Ein guter Makler ist zu 100 Prozent zuverlässig, er kennt sich in seiner Branche perfekt aus, weiß, wovon er redet, ist sich selbst gegenüber anspruchsvoll, um somit auch die teilweise ausgefallenen Wünsche seiner Kunden erfüllen zu können. Seriosität ist natürlich vorausgesetzt. Wer heute ein Produkt erfolgreich an den Mann bringen möchte, muss den Kunden genau analysieren und verstehen. Kunden sind heutzutage immer im Stress, haben keine Zeit und wollen schnell und einfach zum Ziel gelangen. Wer wirklich durchstarten möchte, muss für seine Kunden immer greifbar sein. Hat der Kunde eine Frage und versucht, einen zu erreichen, egal, ob per Telefon, Mail oder WhatsApp, muss innerhalb der nächsten 30 Minuten eine Antwort erfolgen. Wenn nicht, kann es sein, dass der Kunde sich an den nächsten gewandt hat und sich die Traumimmobilie oder den neuesten Luxusschlitten bei der Konkurrenz ansieht. Pech! Durch die innovative Technik ist es heute ja kein Problem mehr, seine E-Mails direkt auf das Handy zu bekommen oder per Mailbox oder SMS-Rückruf auf dem Laufenden zu bleiben. Menschen, die bereit sind, für ein Produkt sehr viel Geld auszugeben, erwarten diese Leistung. Nur wenn ich mit voller Leidenschaft meinen Beruf ausübe, kann ich auf Dauer eine große Ernte einfahren! Aber Achtung: Ich habe selbst erfahren, dass das lange dauern kann. Sehr lange!

Manchmal hat man das Gefühl, dass man sich wirklich den Allerwertesten aufreißt, ohne den geringsten Erfolg, sodass man vor Enttäuschung und Verzweiflung am liebsten das Handtuch werfen würde. Tatsache ist auch: Je aktiver man ist, je mehr man sich anstrengt und etwas zu bewegen versucht, desto öfter fällt man hin, desto mehr Fehler macht man und desto mehr Rückschläge muss man einstecken. Manche denken jetzt vielleicht: Okay, wenn das so ist, dann unternehme ich am besten gar nichts, denn dann kann ich auch keine negativen Erfahrungen machen. Falsch gedacht! Wenn man konstant, und damit meine ich wirklich jeden Tag regelmäßig, an seinem Ziel, seiner Entwicklung und seinem Erfolg arbeitet, wird man dieses Ziel über kurz oder lang erreichen. Und dieses Erfolgserlebnis, dieses Glücksgefühl ist so unbeschreiblich, dass man gar nicht genug davon kriegen kann.

Aber auch hier gilt Vorsicht. Man darf nicht vergessen, dass man sich nicht zu lange auf seinen Lorbeeren ausruhen darf. Nur weil einmal etwas sehr gut gelaufen ist, heißt das noch lange nicht, dass es von nun an so weitergeht. Sonst besteht die Gefahr, dass man gleich die nächste Bruchlandung absolviert. Die Kunst dabei ist, sich selbst nicht zu sehr unter Druck zu setzen. Das habe ich selbst lange Zeit nicht wirklich kontrollieren können. Ich habe mich teilweise – im Sport oder auch im Beruf – so verrückt gemacht, dass am Ende gar nichts geklappt hat. Selbst heute noch bin ich in manchen Situationen zu übereifrig und zu ehrgeizig. Ich kann mich auch sehr schwer gedulden. Wenn ich mir etwas in den Kopf setze, dann muss ich das sofort angehen. Sicherlich ist die Einstellung »mit voller Kraft voraus« auch eine sehr positive Eigenschaft im Leben, die jedoch nicht immer funktioniert. Aber mit der Zeit findet man die richtige Balance. Lieber zu viel Energie, Ehrgeiz und Willen, als dass man ständig von anderen Leuten einen Tritt in den Hintern bekommen muss, um in die Gänge zu kommen. Manche Dinge brauchen aber auch gut Weile. Nicht umsonst gibt es den Spruch »In der Ruhe liegt die Kraft«. Daher kann es auch wichtig sein, überlegt und mit klarem Kopf an Entscheidungen heranzugehen.

Viele meiner Kunden benötigen bei der Entscheidung, ein Millionenobjekt zu erwerben, sehr viel Bedenkzeit. Wer kauft sich schon ein Haus für drei Millionen in drei Minuten? Wenige, obwohl ich auch diese Art Kunden schon hatte. Es gibt tatsächlich Menschen, die eine sehr klare Vorstellung haben von dem, was sie wollen, und sobald dieser Vorstellung entsprochen wird, schlagen sie ohne zu zögern zu. Der gewöhnliche Kunde jedoch überlegt ausgiebig und mit aller Muße, wie er vorgehen wird. Teilweise dauern meine Verhandlungen mehrere Monate. Die längste Verhandlung bisher nahm fast ein gesamtes Jahr in Anspruch. Von dem Tag an, als der

Kunde die Immobilie besichtigt hatte, bis zur Entscheidung, dass er ein Angebot abgeben würde, vergingen genau sieben Monate. Aber dann ging es erst richtig los, denn daraufhin musste ich mit dem Hauseigentümer den Preis verhandeln, und das zog sich weitere drei Monate hin, sodass am Ende der Notartermin zum Verkauf der Immobilie fast elf Monate später festgesetzt war.

Für mich funktioniert es am besten, wenn ich so gelassen an die Sache herangehe, als würde ich meinem Kunden eigentlich gar nichts verkaufen wollen. Sicherlich muss der Service stimmen und der Kunde sich wohlfühlen, aber wenn der Kunde merkt, dass es einem als Verkäufer eigentlich relativ egal ist, ob er kauft oder nicht, dann ist das der beste Ausgangspunkt für einen erfolgreichen Abschluss. Es muss am Ende so sein, dass der Kunde etwas von einem will und nicht umgekehrt. Mach dich rar und einzigartig. Überzeuge durch deine Persönlichkeit und nette sympathische Art im Umgang mit deinen Kunden. Wenn du begeistert bist von dem, was du machst, und von dem, was du anbietest, und das paarst mit einer gelassenen, aber akribischen Aktivität, wird sich der Erfolg schnell einstellen.

Bei neuen Kundenanfragen, die per Mail reinkommen, mache ich mir sogar immer einen Spaß mit den Interessenten. Ich bekomme meine Mails auf mein Telefon und kann dadurch sehr schnell reagieren. Fast immer rufe ich den Kunden innerhalb von nur wenigen Minuten direkt an, sobald die Anfrage hereingekommen ist. Oftmals sind die potenziellen Käufer da noch auf meiner Webseite und suchen nach der passenden Immobilie. Die Reaktion der Kunden am Telefon ist meist sehr lustig. Ich rufe Kunden sogar noch am Abend um 21.30 Uhr an, wenn sie mir um diese Zeit eine Anfrage geschickt haben. Dann stelle ich mich vor, bedanke mich für die Anfrage zu der Immobilie auf Mallorca und entschuldige mich für die späte Störung. In 99 Prozent der Fälle sind die Leute begeistert, dass sie den Makler gleich am Telefon haben, weil sie sich ja gerade mit dem Thema beschäftigen. 1 Prozent kann vielleicht gerade nicht telefonieren. Dann frage ich nach einem Termin für einen Anruf, um die genauen Suchkriterien zu besprechen.

Ganz oft kommt es vor, dass zum Beispiel am Freitagabend eine neue Anfrage hereinschneit. Wenn ich den Kunden anrufe, stellt sich heraus, dass er bereits auf Mallorca ist. Dann mache ich einen Termin für Samstag aus, besichtige mit ihm Immobilien und im besten Fall, und das ist wirklich alles schon so vorgekommen, macht der Käufer am Sonntag gleich ein Kaufangebot. Die Preisverhandlung läuft dann am Sonntag und am Montagvormittag wird ein Vorvertrag zur Reservierung der Immobilie, sprich ein Optionsvertrag, unterzeichnet. Was will ich damit sagen? Wenn man richtig engagiert ist und nicht pingelig auf die Uhr guckt, hat man große Chancen, sehr viel mehr Geld zu verdienen als die Kollegen. Oft muss man gar nicht mal besser sein, aber einfach schneller. Man muss auf Zack sein. Das Geld liegt wirklich häufig regelrecht auf der Straße, man muss nur die Gelegenheit erkennen und nutzen. Die Kunden werden es einem danken. Wie oft höre ich von Kunden, dass Kollegen sich teilweise nie gemeldet haben. Die Kollegen kommen erst am Montagmorgen ins Büro, dann werden intern die neuen Anfragen auf die

Makler verteilt, und bis dann der Makler den Kunden spricht, ist vielleicht schon Montagabend oder gar Dienstag. Bis dahin habe ich mit etwas Glück den Deal schon eingetütet.

Ich hatte auch schon Kunden, die mich am Abend anriefen und dringend eine Villa zur Miete suchten. Dann verabredete ich mich zu einem Telefonat für den nächsten Tag, aber nicht zu einem normalen Telefongespräch, sondern zu einem Facetime Call. Dabei zeigte ich den Kunden das Haus per Facetime-Video-Übertragung. Die Kunden sagten nach 15 Minuten zu und sind bis heute glückliche Mieter in der Villa. Und für mich heißt das: zwei Monatsmieten Provision zuzüglich Mehrwertsteuer, weil ich einfach schnell gehandelt habe.

Ich muss aber gestehen, dass sich alle meine Freunde und besonders meine Mutter und Bettina, meine Assistentin, regelmäßig beschweren, weil ich auch beim normalen Gehen ein ziemlich strammes Tempo draufhabe. Die meisten kommen nicht hinterher, obwohl es bei mir optisch nicht schnell oder abgehetzt aussieht und obwohl ich nur 1,78 Meter groß bin. Aber bei mir geht eben alles zack, zack, auch das Laufen. Keine Zeit verlieren.

Der, der immer ein kleines bisschen schneller ist als der andere, wird auch langfristig die Nase vorn haben.

NICHTS GEHT ÜBER EIN GUTES NETZWERK

Es gibt so einen dummen Spruch, der heißt: »Kontakte schaden nur dem, der keine hat.« Den hast du bestimmt auch schon gehört. Früher hasste ich diesen Spruch, den ich sehr oft von klugen Menschen gehört habe. Mittlerweile habe ich meine Meinung dazu geändert. Es ist wirklich so, dass in der heutigen Gesellschaft alles über gute Verbindungen gesteuert wird. Das eigene Netzwerk ist unglaublich wichtig und ausschlaggebend dafür, ob jemand erfolgreich wird oder nicht und in welcher Geschwindigkeit. Warum ist das so? Ich habe mir sehr oft die Frage gestellt, ob es wirklich Sinn macht, immer wieder diese Events oder Partys zu besuchen, bei denen es letztendlich nur um den typischen Small Talk geht. »Hallo, wie geht's?« »Was machst du so?« usw. Besonders nach der Arbeit hatte ich nie besonders viel Lust auf dieses Gerede, nur um dann eine weitere meiner Visitenkarten loszuwerden. Nachdem ich jedoch einige Veranstaltungen auf Mallorca besucht hatte, stellte ich fest, dass ich sehr oft den gleichen Menschen begegnete. Das war toll, weil man so schnell in Kontakt kam mit diesen Menschen und nach ein paar Monaten auf jeder Veranstaltung bereits irgendjemanden kannte. Ich bin mir sicher, dass das in jeder Stadt genauso ist, egal ob man in Hamburg, München oder in Berlin lebt.

Frage dich: Wie gehe ich auf Menschen zu? Öffne ich mich oder stehe ich einsam und verlassen wie ein Volltrottel in der Ecke?

Sehr lange war ich der Volltrottel, der in der Ecke stand und mit keinem redete, weil ich einfach keinen kannte. Und weil ich Hemmungen hatte, ein bisschen Angst sogar. Und natürlich wartete keiner auf mich und empfing mich mit offenen Armen. Warum auch? Man muss sich einen Tritt geben und sich trauen. Sich trauen, einfach mal auf neue Menschen zuzugehen. Das musste auch ich lernen und es kostete mich sehr viel Überwindung. Ich musste lernen, den Mund aufzumachen. Als ich mit 19 Jahren nach Mallorca kam, war ich sehr gehemmt, besonders bei Events, die von einem internationalen Publikum besucht wurden. Das konnten ja durchaus liebe und nette Menschen sein, aber ich hatte immer ein bisschen Angst, weil ich keinen kannte. Was, wenn mich tatsächlich jemand anspricht und das Gespräch auf Spanisch laufen muss? Für mich anfangs unvorstellbar und purer Horror. Was sollten diese Treffen auch langfristig privat oder beruflich bringen? Heute habe ich eine ganz andere Einstellung zu diesem Thema. Meine Kontakte sind für mich im beruflichen Bereich und auch im privaten von großer Bedeutung. Manchmal finde ich es erstaunlich, wie sich mein Leben in den vergangenen Jahren durch mein Netzwerk an Kontakten verändert und weiterentwickelt hat. Oft frage ich mich, was ich jetzt wohl tun würde, wenn ich in meiner Heimat, in dem kleinen schönen Städtchen Altdorf geblieben wäre? Hätte ich dann jemals die Einladung zu einer Oscar-Party in Los Angeles erhalten? Hätte ich von dem Model Elizabeth Hurley kostenlos Fotos von ihr für das Cover meines Lifestyle-Magazins bekommen? Wäre ich dann regelmäßig mit Star-DJ Robin Schulz auf Ibiza und würde ihn zu seinen Gigs in den Top-Clubs der Insel begleiten? Ich glaube eher nicht! Definitiv nicht! Wichtig ist, dass man in jeder Sekunde mit offenen Augen und Ohren durch das Leben läuft, empfänglich ist für neue Aufgaben, interessante Geschäfte und persönliche Entwicklungsmöglichkeiten. Diese muss jeder für sich erkennen und dann beim Schopfe packen.

»Der Remus hat halt viel Glück im Leben gehabt«, meinen viele Menschen. Klar, Glück ist auch immer ein Faktor, der sich positiv auf die Gesamtsituation auswirkt. Aber für mich steht ganz klar fest: Je härter man arbeitet, desto mehr Glück wird man haben. Entscheidend dabei ist, dass man keine Angst hat, Fehler zu machen. Das gehört einfach zum Leben dazu. Eigentlich ist es gar nicht so schwer, im Leben den richtigen Weg einzuschlagen, auch wenn es ein Weg ist, den man sich zunächst nie vorstellen konnte zu gehen.

Als ich noch in der achten oder neunten Klasse war, saß ich oft am Nachmittag nach der Schule zu Hause und überlegte mir, was ich denn später einmal beruflich machen wollte. Damals hätte ich jeden für verrückt erklärt, der mir erzählt hätte, dass ich einmal Immobilienmakler auf der liebsten Insel der Deutschen werden würde. Der Job des Immobilienmaklers hätte mich früher bestimmt nicht interessiert. Heute bin ich Immobilienmakler mit großer Leidenschaft. Ich träume sogar manchmal von meinen schönen Häuschen und bin absolut in meinem Element, wenn ich mit interessanten Kunden aus der ganzen Welt zu tun habe und ihnen die Traumvillen Mallorcas präsentieren und verkaufen darf. Das macht sehr viel Spaß und bringt täglich Abwechslung. Jeder Tag ist anders, und das ist es, was mir am meisten gefällt.

Zu meinen Kunden habe ich fast immer ein sehr gutes und inniges Verhältnis. Es ist eher eine Freundschaft als eine Geschäftsbeziehung, und das halte ich für wichtig in diesem Bereich, da man teilweise mehrere Stunden und Tage mit den Kunden verbringt und einen großen Einblick in deren Leben erhält. Ist der Kunde zufrieden, wird er begeistert darüber reden. Mittlerweile erhalte ich sehr viele Kundenanfragen, die auf Empfehlungen beruhen. Das ist erfreulich, denn es zeugt davon, dass die Kunden mit meiner Leistung zufrieden sind und gerne wiederkommen. Ich glaube, einer meiner klaren Vorteile im Vergleich zu meiner Konkurrenz ist die Tatsache, dass ich Folgendes begriffen habe: Meine Hauseigentümer und Kunden sind Mitarbeiter, die mich keinen Euro kosten!

In den beiden Firmen, in denen ich als Angestellter Immobilien verkauft habe, machte man sich ebenso wenig wie bei Konkurrenzunternehmen große Gedanken um die Hauseigentümer. Neue Häuser wurden in das Portfolio aufgenommen, Referenznummern wurden vergeben und der Kontakt landete in irgendeiner Computerdatei. Oft war es so, dass der Eigentümer monatelang nichts mehr von dem entsprechenden Makler hörte. Kein Feedback und kein Update. Der Eigentümer lag mit seiner Nummer wie eine Leiche in der Datenbank und es passierte nichts. Wenn sich mal ein Kunde für die Immobilie interessierte, wurde dieser Eigentümer einen Tag vor dem Besichtigungstermin angerufen und der Termin organisiert. Und selbst nach der Besichtigung der Immobilie informierte der Makler den Eigentümer nicht über das Feedback des Kunden. Das heißt, der Eigentümer wurde nicht wirklich gut behandelt. Nach dem Motto: Was wollen Sie? Ihr Haus verkaufen? Ja danke, und tschüss! Eine unmögliche Art und Weise, mit Menschen umzugehen! Ich fand diese Arbeitsweise schon während meines Angestelltenverhältnisses untragbar und habe das immer anders gemacht. Auch heute rufe ich meine Immobilieneigentümer regelmäßig an und informiere sie über den Verlauf der Vermarktung. Selbst wenn ich gerade keinen passenden Kunden oder Käufer für das Haus an der Hand habe, halte ich sie stets darüber auf dem Laufenden, welche Aktionen und Marketingstrategien wir fahren, um potenzielle Käufer zu gewinnen. Einfach reden! Leider fällt das vielen Menschen sehr schwer, und das ist meiner Meinung nach auch das größte Problem bei anderen Maklern – und mein Vorteil.

In den letzten Monaten habe ich festgestellt, dass viele Eigentümer sich untereinander kennen, was nicht überrascht auf Mallorca. Sie sprechen miteinander und so ist es ganz normal, dass auch irgendwann das Thema Immobilien angeschnitten wird. Wenn der Makler seinen Job gründlich und korrekt macht und sich bestmöglich um den Immobilieneigentümer kümmert, wird dieser das weitererzählen. Und dabei geht es gar nicht darum, wie schnell der Makler die Immobilie veräußert. Wichtig ist, dass der Makler sich kümmert und Einsatz und Engagement zeigt. Sehr viele traumhafte Immobilien habe ich über die Empfehlung von Immobilieneigentümern in den Verkauf bekommen. »Ruf mal den Remus an, der gibt Gas und ist dynamisch und mit viel Power dabei.« Wenn die Menschen so etwas sagen, kann es doch nicht besser laufen, oder?

Nutze die Kontakte, die du dir aufgebaut hast, und generiere daraus weitere. Das ist einfach und kostet kein Geld. Seltsamerweise haben das viele meiner Maklerkollegen nicht begriffen. Aus dem Netzwerk kann so unglaublich viel entstehen. Kontakte haben in der heutigen Zeit so eine Kraft. Die Meinung der anderen zählt und konstruiert das persönliche Image, das dann automatisch über Medien wie Facebook, Instagram und Twitter unfassbar schnell in der ganzen Welt verbreitet wird und Erfolg oder Misserfolg bedeuten kann.

Das Leben besteht aus Geben und Nehmen. In den letzten Monaten habe ich sehr oft mit nehmenden Menschen zu tun gehabt. Je mehr Erfolg man hat, je öfter man in den Medien präsent ist, desto größer wird der Kreis der Schmarotzer. Eine böse Bezeichnung, aber es ist teilweise so offensichtlich, dass ich mich frage, was sich diese Menschen überhaupt einbilden. Da auf Mallorca mittlerweile bekannt ist, dass ich gut vernetzt bin und viele Leute kenne, ist es der pure Wahnsinn, was sich allein am Freitagnachmittag auf meinem Telefon abspielt. Ab ca. 17 Uhr steht mein Handy nicht mehr still. Ich erhalte eine SMS nach der anderen. Die meisten Leute kenne ich nur oberflächlich. Sie fragen nach Empfehlungen für die Abendgestaltung, freiem Eintritt in Diskotheken oder Ermäßigungen in den angesagten Bars der Insel. Warum? Aber es kommt noch schlimmer. Nachdem ich aufgrund meiner Kontakte in den letzten Jahren zu den hochkarätigsten Events der Welt eingeladen wurde und die Oscar-Verleihung in Los Angeles und die Filmfestspiele in Cannes miterleben durfte, ist die Anzahl meiner »Freunde« extrem angestiegen. Plötzlich sind Leute nett zu mir, die mich früher nicht einmal gegrüßt hätten. Es melden sich ehemalige Schulkollegen, die mich zufällig im Fernsehen gesehen haben, mit denen ich in der Schule aber nie Kontakt hatte. Manche Leute fragen sogar, ob ich ihnen nicht eine Eintrittskarte zum legendären Sommerball von Sir Elton John in Windsor besorgen könnte. Wieso? Es ist schon erstaunlich, wie oberflächlich und opportunistisch viele Menschen sind und wie sie es schaffen, sich so durchzuschlagen.

Da fällt mir auch gleich eine unglaubliche Anekdote ein. Ich hatte bei der Immobilienfirma Engel & Völkers eine Kollegin, die sich um Mietimmobilien kümmerte. Im Laufe der Zeit entstand eine gute Freundschaft und wir trafen uns regelmäßig zum Essen. Nachdem ich mich selbstständig gemacht hatte, bat mich ein befreundetes Ehepaar, ihm doch bei der Suche nach einer hochwertigen Mietwohnung auf Mallorca behilflich zu sein. Da ich mich ausschließlich der Vermittlung von Häusern widme, leitete ich den Kontakt an diese besagte Freundin weiter. Wir trafen uns zu einem kurzen Gespräch, ich informierte sie darüber, was meine Bekannten suchten, und sie machte sich an die Arbeit. Es war für mich selbstverständlich, für diese Vermittlung kein Geld zu verlangen, obwohl normalerweise bei solchen Geschäften die Provision zu 50 Prozent geteilt wird. Da es sich bei den Kunden jedoch um gute Freunde handelte, die etwas mieten wollten, und ich den Kontakt an eine Freundin weiterleitete, habe ich ihr ganz klar gesagt, dass ich kein Geld haben wollte. Sie solle mich doch bei einer erfolgreichen Vermittlung einfach einmal zu einem Abendessen einladen. Somit war das Thema für mich erledigt und ich sprach einige Monate nicht mehr mit ihr.

Zufällig traf ich das befreundete Ehepaar dann einmal in Palma. Sie fielen mir freudestrahlend um den Hals und bedankten sich mehrmals bei mir für die Unterstützung bei der Wohnungssuche. Sie waren bereits zwei Monate zuvor in die neue Wohnung gezogen und fühlten sich total wohl. Da das Ehepaar von der Vereinbarung zwischen meiner Freundin, der Maklerin, und mir wusste, fragten sie zum Spaß, ob meine Freundin mich denn schon zu einem edlen Abendessen ausgeführt hätte. Ich hatte natürlich nichts von der erfolgreichen Ermittlung erfahren, und das hat mir wieder einmal gezeigt, wie unverschämt und undankbar manche Menschen sein können. Sie denken nur an ihren Vorteil, nutzen andere für ihre Zwecke aus. So können sich vermeintliche Freunde als Ekel entpuppen.

Meine »Freundin« meldete sich dann zufälligerweise in der gleichen Woche und wir verabredeten uns zum Abendessen. Wir sprachen über Gott und die Welt und auch darüber, dass das nette Ehepaar über sie eine Wohnung gefunden und gemietet hatte. Als wir die Rechnung verlangten, lehnte ich mich zurück und bedankte mich für die Einladung. Und dann ging es richtig los. Knallrot im Gesicht vor Empörung sprang sie auf und regte sich auf, was das solle und wie ich mir auf ihre Kosten den Bauch vollschlagen könne. Das sei ja das Allerletzte. Eine riesengroße Frechheit. Die Rechnung für mein Essen – eine kleine Vorspeise, ein kleines Hauptgericht, ein Mini-Kuchen zum Dessert und ein Glas Wein – betrug 16,70 Euro, also wirklich kein Vermögen. Wir hatten in einem sehr preiswerten Sushi-Restaurant in Cala Mayor, bei Palma, gespeist. Zuerst wusste ich nicht, wie ich reagieren sollte, dann meinte ich ruhig, dass doch noch eine Einladung für die Vermittlung der Kunden ausgestanden habe. Das ließ sie allerdings nicht gelten, sie zahlte aber die gesamte Rechnung und verließ fluchend das Restaurant. Am nächsten Tag erhielt ich eine ausführliche E-Mail, in der sie meine Art erneut übel kritisierte und mir vorwarf, dass sie am darauffolgenden Samstag nicht mit ihren Freundinnen ausgehen könne, weil sie mein Essen hatte bezahlen müssen. Wir reden immer noch von 16,70 Euro! Und sie hatte durch meine Vermittlung der Kunden eine Provision von fast 3.000 Euro kassiert!

Knapp eine Woche später traf ich erneut das Ehepaar und erzählte ihnen von dem Vorfall. Ich fand das Ganze einfach nur lächerlich und konnte nicht fassen, dass das wirklich geschehen war. Die beiden zückten ihr Handy und riefen bei meiner Freundin, der Maklerin, an, um die Situation aufzuklären. Die war natürlich völlig überrascht und fing an zurückzurudern. Die Geschichte ging schließlich so aus, dass ich die Freundschaft abgebrochen habe. Es gibt einfach Prinzipien und Regeln, an die man sich im Leben halten muss. Mir ging es persönlich überhaupt nicht um das Abendessen und die 16,70 Euro. Es ging darum, dass meine Freundin sich nicht gemeldet hatte, als sie das Geschäft abgeschlossen hatte, und dass ihre Reaktion beim Abendessen so daneben war. Wenn jemand kein Geld für ein bescheidenes Essen hat, weil er es lieber sparen möchte, um es am Samstag bei der Party mit Freunden auf den Kopf zu hauen, dann habe ich dafür auch Verständnis. Ein Kaffee oder ein einfaches Dankeschön hätte dann gereicht. Aber nichts dergleichen war gekommen. Mit solchen Menschen möchte ich einfach nicht befreundet sein. Diese Art von Menschen demotiviert, frustriert und hält einen nur in der persönlichen Entwicklung auf.

Wenn ich an ihrer Stelle gewesen wäre und mir ein Kunde vermittelt worden wäre, bei dem ich zu einem erfolgreichen Geschäftsabschluss gekommen wäre, dann wäre das anders abgelaufen. Am selben Tag, an dem ich meine Provision erhalten hätte, hätte ich mich für die Empfehlung und Vermittlung revanchiert oder mich zumindest telefonisch noch mal dafür bedankt. Immerhin möchte ja auch derjenige, der etwas empfohlen hat, wissen, ob alles seinen Vorstellungen entsprechend verlaufen ist und alle Beteiligten zufriedengestellt und glücklich sind.

Die Geschichte ist eine Erfahrung von vielen, die ich leider machen und zugleich lernen musste, richtig damit umzugehen. Fazit: Diese Kontakte schaden einem persönlich mehr, als man glaubt. Ich bin so veranlagt, dass ich mir solche Dinge sehr zu Herzen nehme und lange darüber nachdenke. Aber richtig wäre es, das Ganze so schnell wie möglich zu vergessen. Ich achte mittlerweile sehr stark darauf, dass sich in einer Freundschaft die finanziellen und persönlichen

Vorteile die Balance halten. Es gab in der Vergangenheit immer wieder Menschen, die meine Gutmütigkeit und meine Großzügigkeit regelrecht schamlos ausgenutzt haben. Remus hat gezahlt und alle hatten Spaß. Heute ist das anders. Wenn ich einen Termin habe, von dem ich im Vorfeld weiß, dass derjenige, den ich treffe, meine Hilfe in irgendeiner Art in Anspruch nehmen möchte, dann zähle ich das Geld für meinen Kaffee zuvor im Auto ab und nehme es passend mit. Die Zeiten, in denen ich grundsätzlich für alle bezahlt habe, sind vorbei. Vom Geldausgeben wird man schließlich nicht reich. Die Erfahrung, wie einen die Leute behandeln, wenn man mal finanziell nicht so liquide ist, durfte ich bereits in meiner Kindheit machen, aber mehr zu diesem Thema später.

Gute Kontakte müssen besonders gut gepflegt werden, so viel steht fest. Jedoch reicht es nicht, hin und wieder über Facebook eine Nachricht zu schreiben. Die echten Freundschaften müssen durch persönlichen Kontakt aufrechterhalten werden. Aber wer oder was sind schon die wahren Freunde? Eine Frage, mit der ich mich sehr lange befasst habe. Dadurch, dass ich alle paar Jahre wegen der beruflichen Versetzung meines Vaters umziehen musste und mehrmals aus meinem Freundeskreis herausgerissen wurde, war es sehr schwer, feste Freundschaften aufzubauen. Immer wieder musste ich von Neuem anfangen, Freunde zu finden. Mit sechs Jahren zog ich von Nordrhein-Westfalen nach Niedersachsen, im Alter von zehn Jahren von Niedersachsen nach Bayern, mit 16 bin ich für ein Jahr als Austauschschüler in die USA gegangen und mit 19 Jahren bin ich nach Spanien ausgewandert. In all den Jahren war es schwierig, Freundschaften aufzubauen oder diese entsprechend zu pflegen. Sehr oft wurde ich von vermeintlichen Freunden enttäuscht, weil sie nur ihren Vorteil im Blick hatten. Heute habe ich höchstens eine Handvoll echter Freunde, die mich wirklich sehr gut kennen. Und diese Freundschaften werden von beiden Seiten gut gepflegt. Komischerweise habe ich mittlerweile auch sehr sensible Antennen dafür, ob Leute mich nur kennenlernen wollen oder kontaktieren, weil sie mich mal im Fernsehen oder einer Zeitschrift gesehen haben. Ich kann schnell erkennen, wer echt und authentisch ist und wer sich nur dranhängen will an meinen Erfolg.

Seitdem ich engen Kontakt zu einigen Weltstars wie Elton John, Elizabeth Hurley, James Blunt oder Paris Hilton habe, nehme ich die Wichtigkeit eines guten Kontakts ganz anders wahr. Ein guter und seriöser Kontakt muss behütet werden, denn er kann sehr wertvoll sein. Besonders Menschen, die im Fokus stehen, die weltbekannt sind, haben ein ausgeprägtes Gespür dafür, ob Menschen es gut mit ihnen meinen oder sie nur ausnutzen wollen. Ich bin froh und dankbar, diese Menschen zu kennen. Besonders von Elton John habe ich einiges gelernt. In bestimmten Kreisen, gerade den obersten Kreisen, kennen sich alle untereinander, und da kann eine gute Empfehlung das Leben extrem positiv verändern. Unter den oberen 10 000 werden im Hintergrund viele Fäden gezogen.

Als ich in diese Kreise reinkam, konnte ich gar nicht glauben, wer sich alles kennt und beruflich oder privat miteinander verstrickt ist. Wenn man dann zum Beispiel auf den Partys während der Oscar-Woche in Los Angeles beobachtet, wer mit wem am Tisch sitzt, ist das schon sehr interessant. Oder wenn man durch Paris Hilton auf eine Megayacht eingeladen wird, auf der so manche Hollywoodstars mit Milliardären neue Businesspläne entwickeln. Es ist ein sehr kleiner Kreis und man wird als Neuling lange extrem gut beobachtet, bis man aufgenommen und akzeptiert wird. Aber es kann auch anders laufen. Eine falsche Bewegung, ein falscher Kommentar, eine falsche Geste, und du bist schneller wieder draußen, als du gucken kannst. Wichtig ist, dass man seine persönlichen Sensoren jeder Situation entsprechend gut einsetzt und gekonnt reagiert.

Auf großen Hollywood-Events halte ich mich meistens sehr zurück und schlüpfe in die Rolle des Beobachters. Das aufregendste Erlebnis hatte ich im Jahr 2010 in Wien, als mir dort der ehemals mächtigste Mann der Welt vorgestellt wurde: der Ex-US-Präsident Bill Clinton. Wir waren beide zu einer exklusiven Wohltätigkeitsveranstaltung anlässlich des Life Balls eingeladen. Er war aus Amerika angereist, um für seine Stiftung zur Bekämpfung von Aids Spenden zu sammeln. Ich stand gerade beim Geschäftsführer der Elton John Aids Foundation und sprach über weitere Events, die er vorbereitete, als ich den ehemaligen US-Präsidenten sah. Ich war kurz still und konnte das Gespräch kaum weiterführen. Was für eine Erscheinung! Der Geschäftsführer der Elton John Aids Foundation bemerkte meine Reaktion und fragte mich grinsend: »Soll ich ihn dir vorstellen?« Ich wusste gar nicht, was ich sagen sollte. Also packte er mich am Ärmel und ging mit mir schnurstracks auf Bill Clinton zu. Ich hatte richtig Panik. Acht Sicherheitsmänner schirmten den Ex-Präsidenten so ab, dass eigentlich kein Näherkommen möglich war. Aber, wie zuvor schon erwähnt, in den Top-Kreisen kennt jeder jeden.

Der Geschäftsführer begrüßte den Begleiter von Bill Clinton, flüsterte ihm kurz etwas ins Ohr und schob mich vor. Er gab mir einen Klapps auf den Rücken. Der Kreis der acht Sicherheitsleute um Bill Clinton tat sich plötzlich auf und da stand er nun vor mir mit einem entspannten Lachen, seinen grauen Haaren, in einem edlen Zwirn und streckte mir die Hand entgegen. Krass. Bill Clinton sagt mir Hallo. Das war ein einmaliges Ereignis, diesen sympathischen Mann zu treffen, der jahrelang im Weißen Haus gewohnt hatte. Wir sprachen kurz über seine Charity-Projekte, dann gab ich ihm erneut die Hand und verabschiedete mich. Völlig verrückt, ich als 23-jähriger Immobilienmakler von Mallorca traf Bill Clinton! Ich hatte zwar schon mit Jennifer Lopez und Lady Gaga geredet, mit Pop-Queen Madonna einen Cocktail im Soho House in Hollywood getrunken und viele andere Stars getroffen, aber hier ging es um eine Person, die so mächtig gewesen war und unglaublich wichtige Entscheidungen getroffen hatte. Wahnsinn!.

Die Medienvertreter können das teilweise nicht nachvollziehen. Besonders die TV-Reportagen über mich auf RTL oder Pro 7 kreisten anfangs immer um die Frage: »Wie kommt Marcel Remus an diese Kontakte und in diese Kreise, vor allem in so jungen Jahren?« Und: »Kennt er die Schönen und Reichen wirklich?« Ich habe mich auch schon oft gefragt, wieso gerade ich es zu solchen Kontakten gebracht habe. Eine richtige Antwort habe ich bis heute nicht gefunden. Peaches Geldorf, Tochter von Sänger Sir Bob Geldorf, sagte einmal bei RTL im Interview über mich, dass mein süßes Babyface mich sympathisch mache und in die exklusiven Kreise bringe. Elizabeth Hurley meinte, es wäre meine lockere Art, mit Menschen umzugehen. Und der Ehemann von Sir Elton John, David Furnish, erklärte auf Pro7, dass meine Nächstenliebe und meine positiven Charakterzüge dafür ausschlaggebend seien, dass wir befreundet seien. Ich selbst weiß es nicht, ich glaube, es ist einfach meine spontane und unverkrampfte Art, auf Menschen zuzugehen. Ich glaube immer an das Gute im Menschen, ohne jegliche Vorurteile. Ich bilde mir meine eigene Meinung und trete jedem mit entsprechendem Respekt gegenüber. Ein gewisses Taktgefühl und die Anpassungsfähigkeit im richtigen Moment sind sicherlich entscheidende Elemente, warum ich in diese elitären Kreisen aufgenommen werde und auch im Beruf Erfolg habe. Erfolgreiche und besonders berühmte Menschen haben gute Antennen dafür, ob man es ernst meint und wirklich an der Person interessiert ist oder ob es einem nur um Teilhabe am Ruhm geht. Ich habe schon mit vielen extrem erfolgreichen Menschen zu tun gehabt und mit sehr vermögenden Menschen gearbeitet. Aber letztlich putzen auch sie sich genauso die Zähne wie jeder andere. Gut, vielleicht mit einer Zahnbürste, die 200 Euro kostet, aber das bringt am Ende auch nicht wirklich mehr.

NUR WER TEILEN KANN, GEWINNT

Einer meiner Leitfäden im Leben ist der Satz »Nur wer teilen kann, gewinnt«, und dieses Motto trifft in vielen Bereichen zu. Damit meine ich nicht nur, sich finanziell für Schwächere einzusetzen, sondern einfach mal den Versuch zu machen, im Leben mehr zu geben, zu teilen, andere teilhaben zu lassen. Egal in welcher Beziehung. Es geht darum, an andere Menschen zu denken. Das fängt bei den Familienmitgliedern und Freunden an, indem man seine Liebe weitergibt und teilt, Anerkennung und Respekt zollt und somit das Gleiche von anderen Menschen zurückbekommt. Obwohl man besser nicht zu viel erwarten sollte. Das habe ich in den letzten Jahren auch sehr oft erfahren. Man lernt mit und aus den Erfahrungen. Ich teile sehr gerne mit den richtigen Menschen und ich halte es für sehr wichtig zu geben. Das müssen keine Unsummen an Geld sein, Kleinigkeiten sind teilweise von viel größerer Bedeutung. Seit meinem 21. Lebensjahr bin ich im Wohltätigkeitsbereich aktiv und unterstütze regelmäßig verschiedene Organisationen und Projekte finanziell. Ich habe mir die unterschiedlichsten Möglichkeiten und Vereine angesehen und genau unter die Lupe genommen, bis ich mich für das jeweilige Projekt entschieden habe. Bisher habe ich durch Spenden die Arbeit des Vereins Power Child e. V. in München unterstützt, der sich für sexuell missbrauchte Kinder einsetzt. Ein wichtiges Thema in unserer Gesellschaft, welches mir besonders als junger Mensch sehr am Herzen liegt. Ein weiteres, eher sportliches Engagement war die Unterstützung der ehemaligen Cleven-Becker-Stiftung (heute Cleven-Stiftung). Die Arbeit des Vereins besteht darin, Kinder in Sportvereine zu integrieren und übergewichtigen Kindern zu zeigen, wie sie sich sportlich betätigen und gesund ernähren können. Da ich selbst ein großer Sportfan bin, hat mir auch dieses Projekt imponiert.

Die größte Unterstützung, sowohl finanziell als auch durch persönlichen Einsatz, erhält die Elton John Aids Foundation, die vor fast 20 Jahren von Popstar Sir Elton John gegründet wurde, um die Krankheit Aids zu bekämpfen und Infizierte zu behandeln. Nachdem ich mich sehr intensiv mit dem Thema und der Arbeit der Foundation auseinandergesetzt habe, war ich schockiert von den Fakten. So viele Menschen, Frauen wie Männer, gehen an dieser Krankheit elendig zugrunde. Viele infizieren sich, weil sie einfach nicht entsprechend aufgeklärt sind. Es ist beruhigend zu sehen, welchen Erfolg die Maßnahmen der Elton John Aids Foundation haben und welche Früchte der Einsatz trägt. Eine weniger schöne Erfahrung ist es dann, wenn man von der eigenen Familie hört, dass man doch das Geld, das man spendet, auch innerhalb der Verwandten verteilen könnte. Als mir das zu Ohren kam, war ich sehr enttäuscht. Dass nicht alle meine Denkweise teilen, zeigte sich, als ich für den RTL-Spendenmarathon *Wir helfen Kindern* eine fünfstellige Summe spendete. Da ich live in der Sendung bei Moderator Wolfram Kons saß und den Scheck übergab, bekam meine Verwandtschaft natürlich Wind davon.

Je besser es beruflich lief, desto mehr sah ich mich nach wohltätigen Organisationen um. Vor zwei Jahren überlegte ich dann, dass ich gerne spenden würde, jedoch wollte ich nicht einfach nur einen Prozentsatz von einer Maklerprovision irgendwohin überweisen. Ich wollte mich mit einer coolen Aktion engagieren. Da ich extrem modebegeistert bin und stylische Turnschuhe bzw. Sneakers liebe, sollte es etwas in Kombination mit Mode sein. Aber wie kann ein Immobilienmakler auf Mallorca mit Schuhen etwas Gutes tun? Als ich meiner Mutter von der Idee erzählte, Schuhe zu designen, schlug sie mal wieder nur die Hände über dem Kopf zusammen und verdrehte die Augen. Das hat sie schon öfters gemacht, am Ende kam aber meist alles anders, als sie gedacht hatte.

Ich beschloss also, eine eigene Marcel-Remus-Schuhkollektion zu kreieren. Aber wie sollte ich das angehen? Schuster, bleib bei deinen Leisten! Ja richtig, aber wenn man etwas für einen guten Zweck machen möchte, darf man ruhig auch mal verrückte Dinge ausprobieren. Überzeugt war keiner, dem ich davon berichtete, so richtig. Ich war aber dafür wieder umso mehr Feuer und Flamme. Also flog ich nach Neapel. Schuhe made in Italy sollten es werden. Schuhe aus Italien stehen für Qualität und Design. Nachdem ich recherchiert hatte, organisierte ich Termine vor Ort mit zwei Produktionsfirmen, die für zahlreiche hochkarätige und namhafte Marken Schuhe produzieren. Nach einem dreistündigen, intensiven Gespräch mit den Produzenten und einem Produktdesign-Entwickler war der Deal eingetütet. Marcel Remus, der Makler von Mallorca, würde eine eigene Schuhkollektion herausbringen. Und nicht nur mit zwei oder drei Modellen, sondern mit sechs verschiedenen tollen Designs für Männer und Frauen. Super Qualität, tolle Optik und made in Italy. Wichtig war für mich, einen Schuh zu kreieren, den man sowohl zum Businesstermin mit Kunden oder zu einer Hausbesichtigung anziehen konnte als auch am Abend, um auf eine Party oder zum Feiern zu gehen. Das war gar nicht so einfach. Ein paar Wochen später stand das Design fest, auch die Materialien und Prints waren ausgewählt. Ich ließ einen Online-Shop bauen (www.remus-design.com), die Marke wurde eingetragen, die Zahlung ging nach Italien und die Produktion startete.

Aber was hat das Ganze mit Charity zu tun? Preislich liegen die Schuhe im Verkauf bei 199 Euro. Davon gehen zehn Euro pro verkauftem Paar Schuhe an eine wohltätige Organisation. Und zwar an die Stiftung Brotzeit e. V. von Schauspielerin Uschi Glas. Sie setzt sich seit Jahrzehnten für Kinder ein, denen es nicht gut geht, die aus problematischen Familien kommen und morgens kein ordentliches Frühstück bekommen. Sie kümmert sich darum, dass Kinder mit einer Mahlzeit in den Tag starten. Eine tolle Sache mit extrem sympathischen und engagierten Mitarbeitern, die wirklich einen unglaublich guten Job machen. Nachdem die Prototypen und Muster bei mir auf Mallorca angekommen waren, ging es los. Lucia Strunz, Tochter von Fußballer Thomas Strunz und Designerin Claudia Effenberg, hatte ich als Model auserkoren und engagiert. Das Fotoshooting für die Kampagne fand im März auf Mallorca statt. Leider regnete es genau an dem Tag von morgens bis abends in Strömen. Aus einem Tag Shooting wurden so zwei Tage. Model, Fotografen, Visagisten und das gesamte Team waren sich einig, dass wir einen weiteren Tag shooten mussten, damit wir zumindest ein Foto mit strahlend blauem Himmel und Sonnenschein bekämen. Am Ende war das Foto von meinem Model Lucia im Regen, am Infinity-Pool einer Luxusvilla, die ich im Verkauf habe, mit Abstand das spektakulärste! In einem edlen roten Kleid und roten Marcel-Remus-Sneakern schaute sie elegant in die Kamera. Es war für Lucia das erste große Shooting im Ausland. Mama Effenberg war natürlich extrem stolz und total begeistert von dem Shooting und erst recht von dem Ergebnis. Ihre kleine Lucia ganz groß in einem Traum in Rot, und all das vor atemberaubender Kulisse. Begleitet wurde das Kampagnen-Shooting von *Exclusiv Weekend* von RTL. Frauke Ludowig berichtete über den Job von Lucia auf Mallorca.

Am nächsten Morgen folgte ein Beitrag bei *Guten Morgen Deutschland*. Ich war begeistert, ebenso wie Lucia. Alles war perfekt gelaufen. Nach dem positiven Feedback und zahlreichen Presseartikeln verkauften sich die Schuhe auch sehr gut! Einige Modelle waren nach kurzer Zeit bereits ausverkauft. Und bei jedem Paar bekommt die Stiftung von Schauspielerin Uschi Glas immer noch zehn Euro. Es gibt mittlerweile Läden in Palma und sogar in der Schweiz, die meine Kollektion in ihr Sortiment aufgenommen haben.

Mit der Firma Bossardt & Erhard, führender Hersteller für luxuriöse Füllfederhalter und Kugelschreiber, habe ich eine Kooperation, die ebenfalls einen guten Zweck erfüllt. Mit viel Eifer und Einsatz wurde ein eigener Marcel-Remus-Kugelschreiber designt, der online und auf Fachmessen verkauft wird. Ein Teil des Erlöses geht an die Stiftung von Schauspielerin Jutta Speidel. Das edle Schreibgerät aus 925er-Sterlingsilber zeigt das Logo von Marcel Remus Real Estate, den römischen Tempel, und der Kappenring wurde mit »Marcel Remus« diamantgraviert.

Es macht mir Spaß, neue Ideen zu entwickeln und schöne Dinge auf den Markt zu bringen. Natürlich verdiene ich daran auch etwas. Aber besonders wichtig ist mir, dass davon auch andere profitieren, denen es im Leben nicht so gut geht wie mir.

PERSONAL BRANDING

DIE MARKE »ICH«

»Der Typ ist eine Marke.« Den Spruch kennt sicher jeder. Aber was bedeutet das eigentlich genau? Kann eine Person eine Marke sein? Und wie wird man eine in der heutigen Zeit, in der doch alles so schnelllebig ist und viele vermeintliche Promis versuchen, sich als ernst zu nehmende Marke zu positionieren? Letztlich geht es darum, dass man in der breiten Masse, in der Öffentlichkeit als Experte und Meinungsträger für einen bestimmten Bereich wahrgenommen und akzeptiert wird. Heidi Klum, Dieter Bohlen und Steve Jobs haben vermutlich eine Formel für ihren Erfolg. Jeder für sich hat sich nach langjähriger und harter Arbeit in der entsprechenden Sparte einen Namen gemacht.

Früher waren es die großen Namen der Firmen. Heute sind es die großen Namen der Menschen. Besonders im Internet, in den sozialen Netzwerken, ist der Trend zur persönlichen »menschlichen« Marke zu spüren. Diese »menschlichen« Marken haben dank des Internets teilweise rasante Karrieren vorzuweisen. Früher waren es die absoluten Topmodels wie Claudia Schiffer, Naomi Campbell oder Tatjana Patitz, die die neuesten Kreationen der Modehäuser wie Chanel oder Dolce & Gabbana auf den Laufstegen der Welt präsentierten. Heute sieht man in den ersten Reihen Blogger und Influencer und die Mode wird von Internet- bzw. Instagram-Stars wie Caroline Daur oder Cara Delevingne präsentiert.

Doch nicht nur für Stars ist es wichtig, zu einer Marke zu werden. Denn warum entscheiden sich Kunden, genau zu diesem einen Rechtsanwalt zu gehen, diesen Küchenbauer zu beauftragen oder jenen Automechaniker zu kontaktieren? Die Antwort liegt auf der Hand. Diese Menschen haben sich in ihrer Branche, in ihren Berufen einen guten Namen gemacht, sich gut positioniert und ein gutes Personal Branding aufgebaut.

Als ich mich damals als Luxusimmobilienmakler auf Mallorca selbstständig gemacht habe, war mir klar, dass mich eigentlich niemand wirklich brauchte. Nicht noch ein Makler, der versucht, den Schönen und Reichen teure Häuser anzudrehen! Wenn ich heute zurückblicke, weiß ich gar nicht genau, warum ich mir so sicher war, ausschließlich Luxusimmobilien ab 1,5 Millionen Euro vermarkten zu wollen. Doch ich hatte eine ganz klare Vorstellung von dem, was ich meinen künftigen Kunden anbieten wollte.

Meine Strategie war es also, die Nische des Luxusmaklers für Top-Objekte auf Mallorca zu besetzen. Es gab damals viele Makler, die versuchten, kleine und oftmals heruntergekommene Wohnungen zu verkaufen, und dann gab es ein Dutzend große und bekannte Maklerunternehmen mit einem enormen Background und langjähriger Erfahrung. Aber es gab 2009 wirklich niemanden, der ausschließlich Luxus in Top-Lage anbot. Und ich ging sogar noch einen Schritt weiter.

Ich nahm in mein Portfolio nur das auf, was mir selbst so gut gefiel, dass ich dort eingezogen wäre.

Bis heute halte ich es so, dass ich alle Objekte, Wohnungen und Häuser, die mir angeboten werden, höchstpersönlich aussortiere. Passt etwas in mein Portfolio, nehme ich es gerne mit ins Angebot auf. Passt es aufgrund der Lage, Qualität oder des Preis-Leistungs-Verhältnisses nicht, so wird es meinen Kunden auch nicht gezeigt. Das ist nicht immer einfach, weil ich regelmäßig Verkäufern nach der Immobilienbesichtigung sagen muss, dass das Objekt leider nicht passt und ich dafür keinen Käufer habe. Dafür braucht man extrem viel Fingerspitzengefühl, da natürlich jeder Verkäufer von seinem Haus überzeugt ist. Das, was man besitzt, liebt man, und ein Verkauf fällt oftmals eh schon schwer. Wenn dann ein Makler kommt, der durch die Blume auch noch sagt, dass das Haus nichts ist ... Das ist nicht einfach! Aber nur so habe ich mir in der Branche nach Jahren einen Namen gemacht. Remus steht für Luxus und Lifestyle. Remus steht für Qualität und Remus steht für Kompetenz und persönlichen Service.

Wenn du loslegst und dich als eigene Marke etablieren möchtest, musst du als Allererstes analysieren, wer du bist. Was kannst du? Wohin willst du? Wer ist dein Kunde? Wer ist deine Zielgruppe? Für wen bist du interessant? Und das Entscheidendste: Bist du in deiner Positionierung wirklich authentisch für den Endkunden? Kannst du das, was du verkaufen oder vermitteln möchtest, ehrlich und echt jeden Tag aufs Neue gut rüberbringen?

Als für mich klar war, dass ich den Schritt in die Selbstständigkeit wage, fragte ich mich einfach, wie ich gerne behandelt und betreut werden würde, wenn ich fünf Millionen Euro in eine Ferienimmobilie auf Mallorca investieren würde. Ich ging immer davon aus, dass ich gleich entsprechende Kunden haben würde. Ob die einem 23-Jährigen überhaupt vertrauen würden und wie man überhaupt an solche Käufer herankommt, diese Fragen stellte ich mir im Eifer des Gefechts nicht. Ich war einfach total motiviert und wollte starten. Ich versuchte immer wieder, durch die Brille des potenziellen Kunden zu schauen, der sich fragt: Wie stelle ich mir meinen persönlichen Makler vor? Wie soll er mit mir umgehen? Wie sieht seine Dienstleistung aus? Wie hoch sind seine Ansprüche an sich selbst? Ist er bereit, für mich den besten Deal herauszuholen? Wie ausgeprägt ist sein Verhandlungsgeschick? Ist er authentisch und überzeugt von dem, was er sagt? Und die wichtigste Frage: Kann ich meinem Makler mein hart verdientes Geld ruhigen Gewissens anvertrauen? Immer wieder bin ich diese Fragen durchgegangen. Ich brannte vor Energie, hatte nur noch keinen einzigen Kunden.

Um zu starten, ließ ich mir von einem Webdesigner eine Webseite bauen. Auf der ersten Seite habe ich meinen Namen, mein Logo und ein großes Foto platziert. Dem Kunden bzw. dem Besucher meiner Webseite stehe ich somit gleich klar vor Augen.

Eine Personenmarke zu sein, heißt, von der Gesellschaft als solche bemerkt zu werden. Deshalb gilt die Marke als das Ergebnis von konsequentem Handeln, einer konsequenten Werte- und Wissensbotschaft und als das Endprodukt von erfolgreichem Personal Branding. Positionierung. In meinem Fall als der Luxusmakler Mallorcas. Die Strategien rund um das Personal Branding betreffen vor allem die Bereiche Online- und Markenmanagement, dabei geht es um die reale Markenbildung und die virtuelle Präsentation und Kommunikation. Doch neben der Vermarktung äußerlicher Faktoren spielen auch psychologische Aspekte eine Rolle, also Dinge, die mit dem Innersten einer Person, mit ihren Gefühlen und ihrem Charakter zu tun haben. Voraussetzung für eine Social Trademark ist also nicht nur die fachliche Kompetenz, sondern auch die Kenntnis der eigenen Persönlichkeit, der Erwartungen, Stärken und Schwächen.

Um eine starke Personenmarke zu etablieren, sind verschiedene Aspekte wichtig:

- eine klare Botschaft, die Ideen und Werte übermittelt,
- gute Inhalte, die einen Mehrwert bringen,
- ein authentischer Stil mit einer einzigartigen und eindeutigen Positionierung, die im besten Fall nicht zu kopieren ist,
- eine qualitativ hochwertige Reichweite im Social-Media-Bereich,
- gute Presse- und Medienkontakte,
- ein extrovertiertes und sicheres Auftreten, ohne arrogant zu wirken,
- ein internationales Netzwerk und beste Kontakte.

Die Marke ist das Bindeglied zwischen Produzent und Konsument. Bekanntlich gibt es für den ersten Eindruck keine zweite Chance! Eine Firma muss versuchen, ihre Marke so stark zu machen und so gut im Markt zu etablieren, dass sie wie eine unverwechselbare Persönlichkeit wirkt. Diese Marken haben oft eine Vorbildfunktion für andere Menschen und tragen zur Meinungsbildung bei. Die Meinung zählt letztendlich und ist entscheidend, ob eine Person, sprich eine Marke, Erfolg haben wird.

Marken werden auch oft assoziiert mit Werbesprüchen, die im Gedächtnis bleiben. »Geiz ist geil«, »Ich bin doch nicht blöd«, »Die zarteste Versuchung, seit es Schokolade gibt«. Da ist sofort klar, um welches Unternehmen, welche Marke es geht. Marken steuern unser Leben von Anfang an. Selbst in der Schule ist das Thema präsent. Wer trägt welche Marke, von welcher Marke sind die Schuhe, die Jacke oder die Sportklamotten? Und wenn da beispielsweise nicht drei weiße Streifen drauf sind, ist man nicht cool, nicht im Trend. So ein Blödsinn! Aber für viele Kinder und Jugendliche ist das wichtig und für viele entscheidet sich daran, ob jemand dazugehört oder nicht. Auch allgemein in der Gesellschaft ist es leider oft relevant, welches Auto jemand fährt, welche Uhr er trägt und sogar teilweise, in welcher Wohngegend er lebt. Alles hängt von der Marke und dem Image ab. Dementsprechend fällt dann wieder die Meinung der Menschen im Umkreis aus.

Wie aber schafft man eine starke Marke? Wie konzipiert man eine Marke, die unverwechselbar ist? Wie entsteht die Marke ICH? Und warum sollte der Kunde ausgerechnet diese Marke kaufen? Das ist die alles entscheidende Frage! Leider wissen die wenigsten Unternehmen eine Antwort darauf, weil sie kein klares Alleinstellungsmerkmal haben. Wenn man Unternehmer fragt, was sie so besonders macht im Vergleich zur Konkurrenz, sind die Antworten oft erstaunlich. Häufig können Unternehmer ihre Einzigartigkeit, ihre Besonderheit gar nicht klar in Worte fassen.

Für mich ist wichtig, dass das Produkt, das ich verkaufe oder meinen Kunden anbiete, funktioniert und gut ist. Und ich muss mich persönlich bestens auskennen in dem Bereich, in dem ich tätig bin. Dann muss ich mich als Unternehmer richtig positionieren. Stimmen die Definition meines Ziels und meine Positionierung im Markt, kann daraus schnell eine Marke werden. Aber nur wenn man dafür sorgt, dass man langfristig einzigartig bleibt und von niemandem ersetzt werden kann. Ist das der Fall, kann man erfolgreich die Marke ICH aufbauen. Da sind wir wieder bei meinen fünf As – alles anders als alle anderen! In meinem Fall war es so, dass ich mich von all den anderen Immobilienmaklern auf Mallorca abheben musste. Genau das war die Kunst und auch die große Chance, um eine eigene Marke zu werden und sehr schnell die Aufmerksamkeit auf mich zu lenken. Die Alleinstellungsmerkmale müssen bekannt sein, um zum Tragen zu kommen. Das Personal Branding, also die Markenbildung beim Menschen, ist das Entscheidende.

Um als Mensch eine echte Marke zu werden, muss man immer wieder gegen den Strom schwimmen. Sich abheben von der Masse. Man muss auch nicht immer beliebt sein bei allen. Ganz im Gegenteil! Ich finde, heutzutage ist es viel wichtiger, seine eigene Meinung selbstbewusst zu vertreten, auch wenn das anderen nicht gefällt. Man muss nicht zu allem Ja und Amen sagen. Das hasse ich! Solche Ja-Sager mag ich gar nicht, aber leider gibt es viele davon. Trau dich doch einfach mal zu sagen, was du denkst! Ebenso wenig muss man sich alles gefallen lassen. Wenn ich überlege, was ich mir früher in der Schule oder beim Training im Pferdesport habe gefallen lassen – das wäre heute unvorstellbar! Würde mich heute ein Lehrer so unglaublich dämlich und von oben herab anmachen, wie uns Schüler damals, dann würde ich aufstehen und das Klassenzimmer verlassen. Würde mich heute ein Lehrer ähnlich aggressiv vor der gesamten Klasse ausfragen wie früher, würde ich wiederum das Klassenzimmer verlassen und mich beschweren. Ich habe solche Situationen tatsächlich erlebt. Ich kann mich erinnern, dass ein sehr zurückhaltender, schüchterner Junge in der fünften Klasse vom berüchtigten Geschichtslehrer ausgefragt wurde und vor lauter Nervosität und Panik vor der gesamten Klasse in die Hose machte. Das ist kein Witz. Da würde ich heutzutage aufstehen und Position beziehen. Auch auf die Negativerfahrung in den USA würde ich heute anders reagieren. Wenn die Repräsentantin der Organisation, die den Schüleraustausch betreut, nicht innerhalb einer Woche eine andere Familie für mich finden würde, würde ich auf die Barrikaden gehen. Damals habe ich mich nicht getraut, mich zu beschweren, nicht einen Mucks habe ich von mir gegeben. Und wenn mir heute mein Reittrainer mit der Peitsche einen Schlag auf den Oberschenkel geben würde, würde ich auf der Stelle vom Pferd absteigen, ihm die Zügel in die Hand drücken und ihn fragen, ob er noch alle Tassen im Schrank hat. Was will ich damit sagen? Man muss natürlich in jungen Jahren erst einmal seine Erfahrungen machen und logischerweise ist man im Nachhinein immer schlauer. Aber grundsätzlich sollte man zwischendurch immer wieder überlegen, ob alles richtig läuft im Leben. Gefallen lassen sollte man sich nichts, besonders in dieser Gesellschaft, in der jeder vor allem auf sich selbst achtet. Teilweise wirklich ohne Rücksicht auf Verluste. Das Selbstvertrauen ist wichtig, sonst macht dich die Gesellschaft regelrecht platt! Und Nein zu sagen ist zwar in manchen Situationen schwer, muss aber öfter sein, als man glaubt. Das soll nicht heißen, dass man zum Monster werden soll, es geht nur darum, sich selbst eine Art Schutzwall aufzubauen.

Bei mir entscheidet mein Bauchgefühl und damit liege ich fast immer richtig. Wenn mein Bauch Nein sagt, dann sollte ich darauf hören. Wer über ein zuverlässiges Bauchgefühl verfügt, verschafft sich dadurch unheimlich viel Respekt und somit Anerkennung. Wichtig ist, dass man von Anfang an das nach außen verkörpert, was man sein will. Man muss sich der Öffentlichkeit so darstellen, wie man wahrgenommen werden möchte. Die sogenannte Selbstdarstellung bzw. das Selbstmarketing soll ja am Ende dazu dienen, als Mensch für ein Produkt zu stehen. Es geht darum, sich ein Image aufzubauen und dies in den Köpfen der Verbraucher langfristig erfolgreich zu platzieren.

Um auf neue Ideen, Werbestrategien oder Positionierungskampagnen zu kommen, muss man alte, verstaubte Denkweisen im Kopf löschen und neue Wege überlegen und kombinieren. Denk daran: No risk, no fun! Schraub deine persönlichen Erwartungen hoch und setz dir extrem hohe Ziele! Aufgrund der technischen Möglichkeiten ist es erheblich einfacher geworden, sich als Person in ein entsprechendes Licht zu rücken. Die Plattformen Instagram, Twitter,

Facebook, YouTube & Co. bieten exzellente Möglichkeiten zur Selbstinszenierung. Instagram nutze ich persönlich sehr intensiv, obwohl ich nicht der große Computerfreak bin. Ganz im Gegenteil, ich kenne mich im Bereich Internet kaum aus. Aber wie heißt es so schön: Erkenne deine Stärken und nutze sie! Eine echte Marke entsteht dann, wenn man kontinuierlich und konsequent das Alleinstellungsmerkmal in Verbindung mit dem Markennamen nach außen kommuniziert.

Seit Beginn meiner Selbstständigkeit erscheinen in jeder Werbeanzeige mein Firmenlogo, mein Produkt und mein Gesicht. Wichtige Punkte sind hierbei das Corporate Design und die Corporate Identity. Dadurch, dass ich mich von Anfang an auf einen Bereich im Immobiliensegment spezialisiert habe, unterscheide ich mich von den anderen Maklern. Ich biete nicht alle Immobilien an, sondern nur Luxushäuser. Alle Objekte werden durch mich persönlich nach Lage, Preis und Qualität ausgewählt. So kann ich auch zu 100 Prozent hinter meinem Produkt stehen. Eine Spezialisierung bedeutet zugleich eine höhere Produktivität und Effizienz. Eine bekannte Persönlichkeit, ein sogenannter VIP, ist nichts anderes als eine Verpackung, die in den Medien, in der Öffentlichkeit für ein bestimmtes Image, also für eine bestimmte Meinung steht. Bei Firmen spricht man von Corporate Identity, Unternehmensidentität, und bei Menschen spricht man von Persönlichkeit oder Charisma. Es muss aber nicht immer der Weltruhm sein! Wer es schafft, in seinen Kreisen bzw. in seinem Berufsfeld als Marke zu gelten, der hat es schon sehr weit gebracht. Wenn Leute positiv über einen reden, ist man auf dem besten Weg. Und sobald erzählt wird, dass Frau X es immer schafft, neue Produkte zu einem Verkaufsschlager zu pushen, oder Herr Y so gut ist, dass er jeden Kunden um den Finger wickelt, dann ist das Ziel erreicht.

Auch Mimik, Gestik, Sprache und Bewegung sind bei einer »menschlichen Marke« von großer Bedeutung. Man darf nie vergessen, dass einen die Konkurrenz immer ganz genau im Blick hat und jeden Schritt verfolgt. Als ich mir über meinen Firmennamen Gedanken gemacht habe, war mir schnell klar, dass ich auf jeden Fall meinen eigenen Namen mit im Logo haben wollte. Oft schon ist es vorgekommen, dass Leute mich gefragt haben, ob der Name Marcel Remus mein echter Name oder ein Künstlername ist. Doch die Positionierung ist entscheidend! Die Wiederholung von Bekanntem braucht wirklich keiner. Aber etwas Ausgefallenes kann erfolgreich sein.

> Es hängt einzig und allein von dir ab, ob du zur Marke wirst. Du brauchst den Wow-Faktor, egal, was du machst oder welches Produkt du verkaufst! Du musst mutig und kreativ sein, um dauerhaft Erfolg zu haben.

Zu einer echten Luxusmarke ist mittlerweile auch meine jährliche Sommerparty geworden: die Remus Lifestyle Night. Im Jahr 2011 wurde ich erstmals zum Eventveranstalter. Damals überlegte ich, dass Mallorca eigentlich eine Traum-Location für hochklassige Partys ist, aber erstaunlicherweise kaum Luxuspartys organisiert werden. Außerdem hatte ich einfach Lust, eine coole Veranstaltung zu planen und auszurichten. Aber es sollte keine einfache Party sein, sondern eine Miss-Wahl in Kombination mit einer tollen Party. Nun musste ich mir noch überlegen, was die Gewinnerin von dem Ganzen haben sollte. Da kam mir die Idee, eine Werbekampagne daraus zu machen. Es gibt ein Magazin auf Mallorca, *Propiedades Magazine,* eine reine Immobilienmaklerzeitschrift, in der viele Makler ihre Objekte, die sie zu verkaufen haben, präsentieren. Die Gewinnerin würde am Tag nach der Party ein professionelles Fotoshooting am Pool einer Luxusimmobilie, die ich im Portfolio hatte, absolvieren. Und das beste Foto sollte als Werbefoto und für die Kampagne auf einer Doppelseite in dem Maklermagazin genutzt werden. So etwas gab es zuvor noch nie.

Jetzt fehlten nur noch ein richtiges Konzept und ein Name. »Miss Real Estate by Marcel Remus« war geboren. Ein Modelcontest mit hübschen, jungen Damen, die um den Titel kämpfen. Sofort rief ich die Redakteurin bei RTL an, mit der ich bis dato schon einige Beiträge gedreht hatte, und erzählte von meinem Plan. Sie fand die Idee und das Konzept spektakulär. Also hatte ich RTL schon im Boot. Die Location machte ich einige Tage später klar. Den »Puro Beach Club« direkt am Meer. Einer der angesagtesten Beachclubs der Insel. Zehn hübsche Damen in dieser Traumkulisse. Ich konnte es kaum abwarten. Mit der Chefin einer Modelagentur organisierten wir die Mädchen. Zudem konnte ich die Agenturchefin als Jurorin für diesen Abend gewinnen. Eine Bekannte, die damals unter die Top 3 bei *Deutschland sucht den Superstar* gekommen war, hatte auch sofort als Jurorin zugesagt. Ich fand sie wunderbar geeignet, weil sie selbst im Rampenlicht gestanden hatte und einen guten Blick dafür hatte, welches Mädchen den Titel verdienen würde. Mich selbst plante ich als Gastgeber, Moderator und Juror ein. Somit fehlte mir nur noch eine weitere Jurorin. Nach einem langen Telefonat konnte ich die Mutter von Supermodel Naomi Campbell, zu der ich einen engen Kontakt hatte, überzeugen. Großartig!

All das zu planen war die eine Sache. Aber all das dann auch tatsächlich in die Tat umzusetzen, war eine enorme Herausforderung. Eine teure Eventagentur wollte ich damit nicht beauftragen. Die Location allein war schon teuer genug, weil wir fast den gesamten Beach Club ab Nachmittag für uns allein hatten. Die Vorbereitungen waren extrem aufwendig. Fotowand, Laufsteg, Bühne, Jury-Pult, Lautsprecher, Lichter, Soundcheck und noch viele Kleinigkeiten, an die man denken musste. Plus die Dinge, die dann kurz vor dem Event auf einen zukommen, aber an die man zuvor niemals denken würde. Die Party war letztlich ein voller Erfolg. Die Gäste waren begeistert. Und eine hübsche Dame aus Palma wurde zur Miss Real Estate gekürt. Nur der Sound war ziemlich bescheiden. Die fest installierten Lautsprecher waren über zehn Jahre alt und durch das Salzwasser ziemlich in Mitleidenschaft gezogen. Somit konnte man weder die Musik noch meine Moderation so richtig gut hören. Aber man lernt von Event zu Event dazu. Bis heute brauche ich keine Eventagentur für meine Veranstaltungen. Meine alljährliche Party ist immer wieder ein Highlight in meinem Jahr und eine tolle Abwechslung zu meinem täglichen Job. Ich kann für ein paar Wochen in die Rolle eines Eventmanagers schlüpfen.

Seit vier Jahren hat die Party den Namen »Remus Lifestyle Night«. Kunden, die vor Jahren noch nicht mit mir arbeiten wollten, oder Hausverkäufer, die bereits mit anderen Maklerunternehmen zusammengearbeitet haben, kommen jetzt liebend gern auf meine Party. Sie fand in den letzten Jahren an Top-Locations statt, etwa auf der Dachterrasse des 5-Sterne-Hotels »Llaut Palace« an der Playa de Palma. Dieses Hotel wurde vor zwei Jahren neu eröffnet. Als ich entschied, meine Party auf einer Hoteldachterrasse in der Nähe des Ballermanns zu veranstalten, erklärten mich viele für verrückt: »Du kannst doch deine Luxus-Party nicht am Ballermann zwischen all den Besoffenen feiern und das noch dazu mit einem Hollywood-Stargast!« Doch ich war mehr als überzeugt von der Dachterrasse und der Qualität des Caterings. Die erste Party dort oben war ein unfassbarer Erfolg. Die ganze Insel redete über meine Party. Stargäste waren in den letzten Jahren Schauspielerin Marcia Cross, Andie MacDowell oder Topmodel Elle Macpherson. Die Kombination aus Promis, Luxuskunden und einem großen Namen, der für Glamour steht, funktioniert extrem gut. Da ich keine Sponsoren habe und von der Fotowand über das Catering, die Location bis hin zum DJ alles aus eigener Tasche bezahle, ist es natürlich ein riesiges Investment. Und ich sage bewusst Investment und spreche nicht von Kosten. Denn bisher war es immer so, dass ich in der Woche der Party, in der ersten Augustwoche, mindestens einen Deal eingetütet habe und oftmals die Kunden zur Party kamen und mir ihren Kauf der Immobilie dort zusicherten. An den Tagen danach wurden dann die Vorverträge gemacht. Es hat sich immer wieder gelohnt, diese Party zu feiern. Und wenn man ehrlich ist und sich im Bereich Marketing nur ein kleines bisschen auskennt, dann weiß man, dass diese Party aufgrund der Medienberichterstattung und der unfassbaren Reichweite unbezahlbar ist. Alle namhaften Zeitschriften, Boulevardmagazine, Fernsehsender und Tageszeitungen berichten über die Mallorca-Sause des Luxusmaklers. Und das bringt extrem viel PR, Mundpropaganda und sorgt einfach für Gesprächsstoff. Und natürlich für noch mehr Neid bei den lieben Kollegen.

Alles anders als alle anderen, und genau deshalb ist diese Party mit den 400 Gästen ein so großer Erfolg. Es ist keine langweilige Stehveranstaltung, sondern es gibt einen 15 Meter langen roten Teppich, eine gigantische Fotowand, auf der nur mein Firmenlogo zu sehen ist. Ich hasse Events mit Fotowänden, auf denen jede Menge verschiedene Logos zu sehen sind, vom Bierlieferanten bis zum Blumenladen. Das macht solche Veranstaltungen sehr billig. Auch bei dem Thema Catering lege ich sehr viel Wert auf Qualität. Schließlich bekommen meine Gäste jeden Tag Einladungen zu den besten Events in Europa oder gar auf der ganzen Welt und haben extrem viel erlebt und gesehen. Der Druck, der dann auf einem lastet, um eine erfolgreiche und coole Party auszurichten, auf der alles perfekt verläuft, ist enorm. Aber zugleich natürlich jedes Jahr aufs Neue eine großartige Herausforderung. Allein die Tatsache, dass die Moderatorin der Nation, Frauke Ludowig, seit drei Jahren durch den Abend führt, macht mich sehr stolz. Es ist kein Geheimnis, dass Gäste wie Aldi-Erbin Babette Albrecht oder andere hochkarätige Unternehmer gerne meiner jährlichen Einladung folgen. Das freut mich sehr. Natürlich bin ich auch den Pressevertretern dankbar, denn es ist nicht selbstverständlich, dass fast 20 Fotografen und zehn verschiedene Kamerateams von den größten deutschen Fernsehsendern und zahlreiche Online-Plattformen im Hochsommer von Deutschland auf die Insel einfliegen, um über meine Party zu berichten.

Es ist jedes Jahr so viel Arbeit, dass ich kurz danach immer überlege, ein Jahr mal auszusetzen, aber spätestens nach drei Monaten kribbelt es wieder. Dann fange ich erneut mit der Planung und Vorbereitung an. Wenn man liebt, was man tut, ist es auch keine richtige Arbeit. Und ich liebe meine Party, denn sie ist anders als alle anderen.

UMGANG MIT DEN MEDIEN

EIN SPIEL MIT DEM FEUER

An einem traumhaften Tag im Sommer 2009 saß ich mit einer Freundin in einem Café. Wir hatten uns lange nicht mehr gesehen, weil sie als Redakteurin bei einem deutschen Nachrichtensender in Köln arbeitete. Nun war sie für ein paar Tage zu Besuch auf Mallorca. Als ich ihr erzählte, dass ich mich selbstständig machen wollte, war sie völlig überrascht und guckte mich fragend an. Auch sie fragte, warum gerade in Krisenzeiten, wieso mit 22 Jahren und weshalb unbedingt Immobilien auf Mallorca? Nachdem ich ihr alles erklärt hatte, kramte sie in ihrer Tasche nach einem Zettel und einem Kugelschreiber. Sie schrieb sich alles auf und erzählte mir etwas von großer Geschichte, deutschem Fernsehsender, Kamerateam und Einschaltquote. Ich hatte natürlich von nichts einen Plan und verstand auch nicht wirklich, worum es ging.

Ein paar Tage später war sie wieder in Köln und schrieb mir eine Mail. »In den nächsten Tagen ruft jemand von Vox bei dir an, die wollen dich bei deinem Schritt in die Selbstständigkeit begleiten.« Wie bitte? Jemand von Vox wollte mich anrufen? Tatsächlich meldete sich ein Mitarbeiter des Senders und wir sprachen über das Ganze. Wenige Tage später stand ich zum ersten Mal in meinem Leben vor einer Kamera. An fünf Tagen wurde jeder meiner Schritte, der mit meiner Selbstständigkeit zu tun hatte, begleitet: meine Besuche bei meiner Hausbank, meine Treffen mit Kunden, die Bürosuche usw. Nachdem der Beitrag im Format *Goodbye Deutschland* mit einer sehr guten Einschaltquote gelaufen war, meldete sich Vox ein paar Wochen später erneut bei mir. Es sollte zum ersten Mal in dieser Sendung eine zweite Folge von einem Protagonisten geben. Bisher wurden Menschen immer nur einmal während ihrer Auswanderung begleitet. Nun sollte in meinem Fall ein Follow-up gedreht werden. Die Zuschauer wollten wissen, was aus dem Jungen von Mallorca geworden ist. Also drehte das Team anlässlich meiner Firmeneröffnung die zweite Folge, die dann am 13. Oktober 2009 im Fernsehen zu sehen war. Dann ging es Schlag auf Schlag.

Ein paar Monate später erhielt ich einen Anruf von RTL mit einer Drehanfrage, Details sollten in St. Moritz besprochen werden, da ich geplant hatte, zu einem Poloturnier auf Schnee zu reisen und die entsprechende Redakteurin von RTL gleichzeitig vor Ort einen Dreh hatte. Ende Januar wurde in St. Moritz alles genau verabredet und im März 2010 wurde für RTL auf Mallorca gedreht. Die Redakteurin hatte eine großartige Idee, denn diesmal wurde ein Teil auf der Insel produziert und ein anderer Teil in meiner Heimat, Altdorf bei Nürnberg, die ich seit über fünf Jahren nicht mehr besucht hatte. Es war unglaublich spannend, nach all den Jahren wieder an den

Ort meiner Vergangenheit zurückzukehren. In dem kleinen Örtchen Altdorf hatte sich einiges getan. Der Marktplatz war komplett neu gestaltet worden und einige Geschäfte waren hinzugekommen. Ein seltsames Gefühl! Der Drehplan stand fest und ich sollte einige Schulkollegen in meiner ehemaligen Schule in Altdorf treffen. Ein großes Wiedersehen inklusive Lateinlehrerin und Deutschlehrerin. Die Bilder von Mallorca waren ein paar Tage zuvor bereits abgedreht worden und nun hieß es »Hello again« ... hier bin ich wieder. Meine Schulkollegen hatte ich über Facebook und StudiVZ gesucht und angeschrieben. Fünf nahmen an dem RTL-Dreh teil, was mich sehr gefreut hat. Als wir uns das erste Mal nach so langer Zeit wiedersahen, fühlte es sich an, als wäre ich erst gestern von Altdorf nach Mallorca gezogen. Der TV-Beitrag holte schließlich eine super Quote und RTL war sehr zufrieden.

Mittlerweile stand ich unter einem seltsamen Druck. Ich hatte nun einige Formate für das Fernsehen abgedreht und jeder Beitrag war bisher sehr positiv aufgenommen worden und von der Quote her ein Riesenerfolg. Erfolg erzeugt immer Druck, weil man logischerweise beim nächsten Mal noch besser sein will. Sich jedoch immer wieder der Kamera auszuliefern, Interviews zu geben und sich auf Schritt und Tritt filmen zu lassen, ist nicht so einfach, wie man sich das vielleicht vorstellt. Es ist ein bisschen, als ob man vor Fremden die Hosen runterlassen würde. Natürlich machte es mir Spaß, zumal die Resonanz auf die bisherigen Beiträge enorm war und ich Hunderte von Mails erhielt. Dennoch war ich mir durchaus bewusst, dass es ein Spiel mit dem Feuer war und die Medien einen auch plattmachen konnten.

Im April klopfte ein weiterer Sender an meine Tür und schickte eine Drehanfrage. ProSieben wollte einen Lifestyle-Beitrag für das Format *Red! Stars, Lifestyle & More* über mich drehen. Da ich einen Monat später eine Einladung zu den Filmfestspielen in Cannes und zugleich zu einer exklusiven Modenschau von Liz Hurley hatte, konnte mich das Team von ProSieben dorthin begleiten. Dass sogar Paris Hilton und der Ehemann von Sir Elton John, David Furnish, ein Interview über mich gaben, hätte ich im Leben nicht erwartet. Ein sehr schöner, fast 15-minütiger TV-Beitrag, der am Tag nach der Sendung als Wiederholung bei *Taff* lief.

In der Zwischenzeit waren auch die Printmedien auf mich aufmerksam geworden. Die *Süddeutsche Zeitung*, die *Nürnberger Nachrichten* und sogar die *Bild*-Zeitung hatten in großen Reportagen über meinen bisherigen Lebenslauf berichtet. Es folgten weitere TV-Verträge mit Vox für die Produktion der Maklersendung *Mieten, kaufen, wohnen* und ein zweiter Teil bei RTL, den ich in München anlässlich der Mon Cherí Charity zusammen mit Liz Hurley drehte. Da der Beitrag am Samstagabend im Format von *Explosiv* ausgestrahlt wurde und im Anschluss die erfolgreiche Sendung *Das Supertalent* lief, erzielte der Beitrag eine gigantische Einschaltquote und wurde von knapp drei Millionen Zuschauern gesehen. Unglaublich! Und all das in einem Jahr! Mein Vertrag bei Vox wurde dann verlängert und insgesamt stand ich allein für die Sendung *Mieten, kaufen, wohnen* in drei Jahren über 900 Stunden vor der Kamera und war in insgesamt 107 Folgen zu sehen.

Mein Name hatte sich auch aufgrund diverser Werbeanzeigen in den lokalen Magazinen und aufgrund der intensiven Vermarktung meines Lifestyle-Magazins sehr schnell auf Mallorca etabliert. Von Anfang an hatte ich immer ein Porträtfoto von mir in die Werbeanzeigen eingebaut, um den Wiedererkennungswert zu steigern. Ziemlich amerikanisch, aber es hat funktioniert. Mein Firmenslogan »Mein Alter ist Ihr Vorteil« zierte jede Anzeige. Warum gerade dieser Spruch? Weil ich einfach der Meinung bin, dass Menschen in meinem Alter viel mehr Energie, Dynamik und Engagement investieren können, um langfristig erfolgreich zu werden. Heute, knapp zehn Jahre nach Beginn meiner Selbstständigkeit, erkennen mich die Leute auf der Straße oder am Flughafen wieder.

Das lustigste Erlebnis hatte ich im Sommer 2010, als der damalige Bundespräsident Christian Wulff mit seiner Gattin Bettina ein paar Tage Urlaub auf Mallorca machte. Ich war mit meinem Auto in Andratx unterwegs, als mir plötzlich drei schwarze Limousinen im Konvoi und mit einem Mordstempo auf der Straße entgegenkamen. Ich schaute in den Rückspiegel und sah, wie sie in die Straße einbogen, in der ein großes Anwesen für geschätzte 30 Millionen Euro stand. Bis vor Kurzem hatte es noch Unternehmer Carsten Maschmeyer gehört. Ich drehte um und fuhr hinterher, bis zum Einfahrtsportal. Dann hielt ich an und stieg aus. Im selben Moment sprangen mir drei Sicherheitsleute entgegen. Eine blonde Frau stieg aus dem Wagen, winkte ab und gab mir bei den Sicherheitsleuten somit grünes Licht. Als ich den Hof betrat, sah ich plötzlich Christian Wulff, der um das Auto herumkam, mich anlächelte und mir die Hand hinhielt. Nein! Das konnte doch nicht wahr sein! Der damalige Präsident der Bundesrepublik Deutschland kam mir entgegen und schüttelte mir die Hand. Und dann kam der Hammer! Auch Frau Wulff begrüßte mich, reichte mir die Hand und sagte: »Sind Sie nicht der junge Mann, dessen Bild am Ortsausgang hängt?« Unglaublich, Bettina Wulff, die Frau des Bundespräsidenten, hatte mich erkannt. Und warum? Weil ich am Ortsausgang ein Werbeplakat von acht mal drei Metern stehen hatte, auf dem mein Logo und mein Foto zu sehen waren. Nach ein paar netten Worten überreichte ich den beiden mein *MR-LIFESTYLE*-Magazin und verabschiedete mich höflich. Natürlich ließ ich auch durchblicken, dass sie mich gerne kontaktieren könnten, falls sie einmal eine Luxusimmobilie auf der Insel suchen würden. An diesem Tag wusste ich, dass sich meine Firma trotz der Menge an anderen Maklern im Markt etabliert hatte und die Leute mich tatsächlich registrierten.

Wenn ich bei Veranstaltungen in Deutschland mit Leuten ins Gespräch komme, muss nur das Schlagwort »Immobilien« oder »Mallorca« fallen und schon erzählen sie mir, welchen TV-Beitrag sie über mich gesehen haben. Mein Name bzw. der Name meiner Firma ist vielen, die sich für Immobilien auf Mallorca interessieren, mittlerweile ein Begriff und das habe ich natürlich zum größten Teil den Medien bzw. der grandiosen Unterstützung der deutschen TV-Sender zu verdanken. Opa Heinz und Oma Helga, die Eltern meines Vaters, die in Lünen in Nordrhein-Westfalen leben, werden angeblich regelmäßig beim Einkaufen an der Kasse auf mich angesprochen. Obwohl ich persönlich glaube, dass mein Opa den Kassiererinnen einfach erzählt, dass ich sein Enkel bin, ob sie es hören wollen oder nicht.

Dennoch ist das Spiel mit den Medien auch gefährlich. Dass ich nicht durch den Wolf gedreht und bisher in jedem Beitrag positiv dargestellt wurde, ist von großem Vorteil. Doch jeder weiß, dass eine Negativschlagzeile immer mehr Quote bringt als eine positive Erfolgsstory, besonders im deutschen Fernsehen und gerade in den Printmedien. In Deutschland will ja keiner etwas von Erfolg hören, sondern lieber, wie man raus aus den Schulden kommt oder seine Kinder besser erzieht. Man weiß ja auch nie genau, in welchem Kontext man im Fernsehen dargestellt wird, wie die Interviews geschnitten werden und was wirklich ausgestrahlt wird. Je größer meine Medienpräsenz ist, desto größer ist auch der Neid in meinem Umfeld. Das ist leider unübersehbar! Selbst in den Reihen der eigenen Familie. Begeistert bin ich jedoch immer wieder, wie viele Menschen mir nach der Ausstrahlung eines TV-Beitrages über meine Social-Media-Kanäle oder per E-Mail schreiben. Unglaublich nette Zeilen, voller Motivation und positiver Energie!

Fazit: Medien können helfen, aber auch schaden, daher sollte man auch hier achtgeben, was man tut und mit wem man arbeitet und vor allem: was man preisgibt.

NUTZEN UND GEFAHREN IN DER WELT DER SOCIAL MEDIA

Die Art und Weise, wie ich mich auf meinen Social-Media-Kanälen präsentiere, ich sicherlich nicht vergleichbar mit der anderer Immobilienmakler. Alles anders als alle anderen gilt auch hier, und das ziehe ich seit Jahren knallhart durch. Es muss ja nicht jedem gefallen, was ich poste und veröffentliche, aber immerhin habe ich mich in den letzten Jahren zu einem Mikro-Influencer entwickelt, der durch eine sehr starke Community eine gerade für Luxusmarken lukrative Reichweite aufweisen kann. Was unterscheidet mich von den anderen? Ich nehme meine Follower auf Instagram und Facebook jeden Tag aufs Neue mit in den Tag. Das beginnt mit einem lauten Geschrei, und selbst das ist mittlerweile Kult geworden. Ich begrüße meine Follower täglich mit »Hola, Hola, Hola« auf Instagram. Meine Authentizität spüren die Zuschauer, und dieses tägliche laute »Hola, Hola, Hola, good morning, jetzt geht's los, raus aus den Federn und ran an die Arbeit« motiviert unglaublich viele Menschen schon morgens, ihre Ziele weiterzuverfolgen und sich aufzuraffen, loszulegen, um in ihrem Leben etwas zu erreichen. Wenn ich mal auf Reisen bin oder es aus terminlichen Gründen nicht schaffe, meinen Morgenruf zu schreien, kommen spätestens am Nachmittag Fragen, wo denn der tägliche Weckruf bleibt. Viele haben mir schon vorgeschlagen, mein »Hola, Hola, Hola« als Klingelton zum Download anzubieten. Aber wir wollen ja nicht übertreiben.

Ausgedacht habe ich mir diese Art der Begrüßung vor Jahren, als ich in jeder Sendung von *Mieten, kaufen, wohnen* den jeweiligen Kunden begrüßen musste. Ich wollte mich da schon abheben von der Masse und den anderen Maklern und habe in jeder Sendung die Kunden mit meinem persönlichen Ruf angesprochen. Mittlerweile kennen alle meine Kunden den Gruß, und wenn ich jemanden anrufe, muss ich gar nicht mehr meinen Namen sagen, sondern nur »Hola, Hola, Hola«. Marke kommt von merken! Wer nicht auffällt, der fällt weg. Und genau so ist es! Du musst anders sein, besonders und authentisch. Du darfst auch ruhig verrückt sein, selbst wenn die anderen die Augen verdrehen. Das ist egal. Nur eines ist extrem wichtig: Du musst ganz genau wissen, wovon du redest. Du musst auf den Punkt genau sein. Du musst dich perfekt auskennen und überzeugen. Wenn du keine Leistung bringst und aus der Reihe tanzt, wirst du der Pausenclown der Branche und dann hast du verloren. Alles anders als alle anderen ist gut und kann funktionieren, aber du musst dir im Klaren darüber sein, dass du von allen und von jedem Gegenwind bekommst. Und dem kannst du nur entgegenwirken, wenn du 24/7 funktionierst und immer wieder aufs Neue selbst reflektierst. Leider können das viele nicht. Sie sind entweder die absoluten Perfektionisten und haben es echt drauf, sind aber stinklangweilig und können sich nicht gut verkaufen. Oder das Gegenteil: Es gibt Menschen, die sind supercool und kommen mit jedem Kunden innerhalb von Sekunden gut zurecht, jedoch sind sie fachlich in ihrer Branche bzw. in ihrem Job eine große Niete. Das bringt einen dann auch nicht weiter. Ich kann dir aus eigener Erfahrung sagen, wenn du anders bist, bekommst du extreme Aufmerksamkeit. Die musst du für dich zum Positiven nutzen. Diese Chance hast du anfangs nur einmal. Versaust du die, bist du weg vom Fenster, weil es sich ganz schnell herumspricht.

Aber zurück zum Thema Social Media: Du brauchst eine gewisse Regelmäßigkeit. Ich zum Beispiel poste mindestens drei Fotos pro Woche und gehe seit knapp drei Jahren jeden Sonntag live online. Damals habe ich mir überlegt, den Remus Sunday Talk auf Facebook einzuführen, mittlerweile auch parallel mit zwei Handykameras auf Instagram. Im Live-Talk jeden Sonntag um 19.30 Uhr können mir Follower Fragen stellen, die ich dann direkt beantworte, oder ich behandle aktuelle Themen. Besonders die Themen rund um Mallorca, Lifestyle und Luxusimmobilien kommen gut an. Viele Menschen fragen mich, wie man erfolgreich wird, wie man sich täglich motiviert und wie man am besten Geld verdient. Auf all diese Fragen gehe ich am Sonntag jeweils 30 Minuten lang ein.

Ich habe zwar nicht mehrere Hunderttausend Follower, aber ich weiß, dass mir extrem viele Kunden und auch die Kinder meiner Kunden folgen. Die Qualität meiner Community ist besonders gut. Daher habe ich auch Social-Media-Kooperationen mit Luxusbrands und Firmen wie Maserati, About You, Regulat Beauty oder namhaften Luxushotels. Wie selektiere ich da? Ich schaue einfach, ob mir die Firmen bzw. Marken und Produkte gefallen und ich dahinterstehen kann. Ich muss ja nicht alles nehmen. Klingt arrogant, ist aber die beste Ausgangssituation. Ich bin Immobilienmakler und verkaufe übers Jahr genügend Häuser, um mir einen luxuriösen Lebensstandard leisten zu können. Alle Social-Media-Kooperationen, Vorträge und sonstigen Buchungen, bei denen ich gegen Gage und Reisekosten zu Events eingeflogen werde, sind on top, sprich Bonusgeld zusätzlich zu dem normalen Gehalt, das ich als Makler verdiene. Somit gehe ich im Vergleich zu vielen anderen »Influencern«, die nur von Social Media leben, viel lockerer an die Sache heran. Ich muss nicht, und wenn der ganze Social-Media-Hype in ein paar Jahren vorbei ist, dann ist mir das egal, weil mein Leben und mein Alltag als Luxusmakler auf Mallorca genauso weitergehen.

Ich finde es zum Beispiel total unglaubwürdig, wenn ein Mädel in einem Monat Werbung für drei verschiedene Tagescremes macht. Natürlich bekommt sie jedes Mal Geld dafür, aber steht sie wirklich hinter diesen Produkten? Schmiert sie sich etwa alle drei Cremes gleichzeitig ins Gesicht? Man weiß es nicht. Millionen junge Damen posten sich leicht bekleidet in fragwürdigen Posen, um auf gesunden Tee aufmerksam zu machen, und Millionen junge, extrem trainierte Fitness-Jungs zeigen sich halb nackt, um krampfhaft irgendein Proteinpulver zu verkaufen. Bezahlt werden sie dann oft dadurch, dass sie das Produkt behalten dürfen und vielleicht gibt es noch ein Trainingsshirt dazu. Lächerlich. Heute möchten viele

Teenager nur noch berühmt oder einfach gleich Influencer werden. Tolle Fotos von den schönsten Orten der Welt posten und dafür auch noch Hunderttausende Euros verdienen. Dabei gibt es in der jungen Generation oftmals nicht die Bereitschaft, richtig hart dafür zu arbeiten.

Die, die wirklich im Internet mit YouTube, Instagram oder auf andere Art richtig Geld verdienen, schätze ich und ich habe den größten Respekt davor, denn entweder haben sie als Erste damit angefangen oder machen einfach irgendwas anders als alle anderen und es scheint zu funktionieren. Authentisch muss man sein, aber man muss auch Realist genug sein, um zu wissen, ob es für einen selbst überhaupt einen Markt im Internet gibt. Und die nächste Frage: Wie lange hält dieser Hype noch? Und: Was kann man damit verdienen? Dann gibt es noch die alles entscheidende Frage: Was kommt danach, wenn die Internet-Karriere vorbei ist? Ein, wie ich finde, sehr heikles Thema. Denn in diesem Bereich wird mit den Träumen von Millionen junger Menschen gespielt.

Meine Social-Media-Auftritte sind ganz gemischt. Ich präsentiere Luxusimmobilien, die ich im Portfolio zum Verkauf habe. Weil dies auch häufiger als Frage bei Remus Sunday Talk auftaucht, muss ich dazu festhalten, dass ich mit allen Verkäufern Verkaufsaufträge unterzeichnet habe und dort steht drin, dass ich das Objekt auch im Internet und den sozialen Medien bewerben und veröffentlichen darf.

Ich zeige auch Fotos von Mallorca, private Fotos mit meiner Mutter. Oder Events wie die Remus Lifestyle Night oder Fotos von der Oscar-Party von Sir Elton John. Alles sehr offen und extrem transparent, ohne Filter. Und damit meine ich nicht die Fotoeinstellung, sondern mir geht es um eine klare Linie und eine Darstellung, die deutlich macht, dass man mit harter und konstanter Arbeit alles erreichen kann, es aber nicht leicht ist in dieser Instagram-Lifestyle-Traumwelt.

Selbst Kundenanfragen erreichen mich mittlerweile über Instagram. Ich nutze diese Plattformen für mich, verdiene Geld damit, aber dennoch sehe ich all das in gewisser Hinsicht auch kritisch. Ich bin froh, dass ich einen reellen Job habe und diesen mit der coolen und schnellen Social-Media-Welt gut verknüpfen kann.

WAS MIR WICHTIG IST UND MICH MOTIVIERT

Wer glaubt, ganz oben zu sein, ist bereits auf dem besten Weg nach ganz unten! Meine Bodenständigkeit zu bewahren steht bei mir als Wert ganz oben auf der Liste. Werte halte ich generell für sehr wichtig. Leider ist die heutige Gesellschaft, die New Generation, ziemlich oberflächlich. Welchen Stellenwert haben Ehrlichkeit, Toleranz, Liebe, Großzügigkeit, Freundlichkeit, Respekt, Vertrauen und Freundschaft heute noch? Oft werde ich gefragt, wie ich denn bei dieser rasanten Entwicklung, all dem Erfolg, dem Rummel durch die Medien und dem vielen Geld so normal und bodenständig geblieben bin. Manchmal liege ich abends im Bett und denke, dass ich umso normaler und bodenständiger werde, je mehr Geld ich verdiene. Bei vielen Menschen ist das anders. Wenn sie viel Geld einnehmen, geben sie auch viel aus und hauen auf den Putz. Entscheidend ist da sicherlich die Erziehung, der Umgang und Ton im Elternhaus. Ich bin meinen Eltern unglaublich dankbar, dass sie mir beigebracht haben, danke zu sagen, anderen Menschen freundlich und höflich gegenüberzutreten und mich anständig zu benehmen.

Es hängt sehr viel davon ab, andere so zu behandeln, wie man selbst gerne im Leben behandelt werden möchte. Wenn man die Achtung und den Respekt des Gegenübers verliert, läuft irgendetwas schief.

Wie ich bereits erzählt habe, stamme ich aus keinem reichen Elternhaus. Meine Eltern haben sich alles selbst hart erarbeitet, viel im Leben gewagt, viel gewonnen, aber auch viel verloren. Es war finanziell nicht immer einfach, aber ich kann mich wirklich nicht beklagen. Es gab sehr, sehr gute Zeiten mit fetter Villa und Porsche in der Garage und es gab auch weniger gute Zeiten, in denen man auch mal zurückstecken und einfach nur zusammenhalten musste. Dann haben wir in einer kleinen Wohnung gewohnt und statt dem Porsche stand eben ein Fiat Panda vor dem Mehrfamilienhaus.

Zusammenhalten mussten meine Eltern und ich ganz besonders im Jahr 2005, dem bisher schwierigsten Jahr in unserer Familiengeschichte. Mein Vater hatte mit seiner Firma schwer zu kämpfen, da ein wichtiger Kunde mit einem großen Umsatzvolumen die Rechnungen nicht bezahlen konnte. Zu der Zeit begann bereits die Weltwirtschaftskrise spürbar zu werden und immer mehr Firmen in Deutschland meldeten Insolvenz an. Es war eine unglaublich negative Stimmung in Deutschland zu spüren. Mein Vater hatte damals im Auftrag dieses Kunden ein großes Bürogebäude in der Nähe der Allianz Arena in München mit Beleuchtungstechnik ausgestattet. Ein Auftrag in Millionenhöhe! Der Kunde hatte dann, kurz nachdem die Firma meines Vaters die Arbeiten vollständig und zu vollster Zufriedenheit abgeschlossen hatte, seine Zahlungsunfähigkeit gemeldet. Ein herber Schlag für meinen

Vater. Was machte man als gut funktionierendes mittelständisches Unternehmen, das zahlreiche Mitarbeiter beschäftigte, die eine Familie zu ernähren hatten, wenn ein Kunde einen fast siebenstelligen Betrag einfach nicht mehr begleichen konnte? Und dann gab es da noch unzählige Subunternehmer, die auch alle ihre geleisteten Arbeiten bezahlt haben wollten. Nach einem langen Kampf und vielen Gesprächen mit Banken und Finanzverwaltern sah die Situation äußerst kritisch aus. 2006 konnte mein Vater gerade noch die Insolvenz seiner Firma abwenden, war daraufhin jedoch psychisch extrem angeschlagen. Für uns als Familie war die Zeit damals mehr als hart. Oft lag ich abends im Bett und weinte. Es lastete ein starker Druck auf meiner Familie. Selbst meinem ärgsten Feind wünsche ich diese Situation nicht. Es ist schlimm, wenn ein Mensch sich viel aufgebaut hat, sein gesamtes Herzblut in seine Arbeit, seine eigene Firma steckt und dann mit einem Schlag fast alles verliert, obwohl er persönlich nichts dafür kann und auch nichts dagegen machen kann. Mein Vater war nervlich ein Wrack, meine Mutter war fix und fertig und ich hilflos mittendrin.

Der Situation entsprechend wurde unser Lebensstil relativ schnell umgestellt. Autos wurden verkauft, Urlaube gestrichen und Pferde, die wir damals hatten, teilweise sogar verschenkt, um die Lebenshaltungskosten zu senken. Das war auch schlimm für mich. Als mein Vater damals zu meiner Mutter und mir sagte, er müsse die Pferde so schnell wie möglich loswerden, haben meine Mutter und ich tagelang geweint. Wir liebten die Tiere ja über alles. Mein Vater fuhr dann allein in den Reitstall, wo wir die Pferde eingestellt hatten, und verschenkte sie. Es fiel ihm nicht leicht, aber er musste es tun, um die monatlichen Kosten möglichst schnell zu reduzieren. Wochenlang hat mein Vater täglich noch härter gearbeitet als zuvor, an manchen Tagen fast 18 Stunden und mehr, um eine Insolvenz abzuwenden. Diese Extremsituation und diese persönliche Niederlage meines Vaters mitzuerleben hat mich stark geprägt.

Ich erinnere mich an eine Situation, als ich mit meinen Eltern im Auto vor meiner Lieblingsbäckerei stand und unbedingt ein Stück Kuchen haben wollte. Mein Vater sagte mir damals, dass das jetzt nun wirklich nicht sein müsse. Es ging sicher nicht um die 2,50 Euro, aber es war die schwierige Situation, in der wir uns befanden. Als wir aus unserem gerade neu erbauten Traumhaus ausziehen mussten und ich sah, wie sehr diese Situation die Harmonie innerhalb der Familie immer weiter zerstörte, schwor ich mir, dass ich mich später in meinem Beruf so anstrengen würde, dass ich das kein zweites Mal in meinem Leben erleben musste. Das war für mich das Schlüsselerlebnis, das in mir den Wunsch nach Erfolg entfachte. Ich weiß, wie das ist, wenn der Kühlschrank voll ist mit den schönsten und teuersten Lebensmitteln und Leckereien. Aber ich kenne auch die Situation, wenn fast nichts drin ist.

Natürlich hat man, gerade wenn man selbstständig ist, keine Garantie dafür, dass alles immer perfekt läuft. Oftmals sind äußere Faktoren der Auslöser für unkontrollierbar große Schwierigkeiten. Ich habe bis heute sehr großen Respekt davor, wie mein Vater damals die fast ausweglose Situation gemeistert hat. Es war eine unglaublich schwere Zeit. Meine Mutter versuchte immer, meinem Vater den Rücken zu stärken und für ihn da zu sein. Dieser radikale Wandel war für uns alle ein Schock. Andererseits hat uns dieses Schicksal als Familie noch mehr zusammengeschweißt.

Die Familie ist sehr wichtig im Leben, und dessen sollte man sich jeden Tag bewusst sein. Ich kann auf jeden Fall behaupten, dass es in meiner Familie noch nie langweilig war. Es gab immer Aufgaben und Situationen zu meistern, die manchmal Freude brachten und manchmal zum Heulen waren. Aber diese Erfahrungen haben mich gelehrt, manche Dinge anders einzustufen, zufrieden zu sein mit dem, was man hat, denn schließlich kann es sehr schnell viel schlimmer kommen. Man sieht das Leben dann auch mit anderen Augen und schätzt Kleinigkeiten, die für andere vielleicht gar keine Bedeutung haben. Man sollte grundsätzlich nie die Realität aus den Augen verlieren und immer wissen, wo man im Leben steht und wohin man will. Das Ziel muss klar vor Augen stehen und aus dem Erreichen von Zwischenzielen muss man die Motivation für jeden weiteren Schritt ziehen. Das Schöne am Leben ist ja, Probleme, die einem alltäglich begegnen, lösen und das Beste daraus machen zu können. Ich bin überzeugt, dass auch das in Zukunft ein riesiger Markt sein wird für Menschen, die es verstehen, Probleme richtig zu lösen. Menschen, die das Leben ihrer Kunden erleichtern können. Wenn das gelingt, sind Menschen mit Geld immer bereit, für einen Problemlöser zu bezahlen. Wie heißt es so schön: Probleme sind wie Kaugummi, je länger man darauf kaut, desto größer werden sie.

Man muss das Leben nehmen, wie es kommt, und sich selbst jeden Tag zurück auf den Boden der Tatsachen holen.

Es ist schön und auch wichtig, hin und wieder seinen Träumereien freien Lauf zu lassen, aber wenn es um die Realität geht, muss man nüchtern und mit klarem Blick daran arbeiten, sein Leben und besonders sich selbst zu verbessern. Jeden Tag. Kleine Brötchen zu backen, statt dick aufzutragen ist außerdem viel sympathischer. Es ist nicht entscheidend, was jemand hat, sondern was er daraus macht. Viele Menschen haben viel, woher auch immer, kriegen ihr Leben aber trotzdem nicht auf die Reihe. Jeder ist seines Glückes Schmied. Mich motiviert meine Vergangenheit sehr. Das nenne ich in meinen Vorträgen immer die »historische Motivation«. Das ist die Zeit, als in der Schule niemand an mich geglaubt hat. Die Lehrer wollten mich nicht unterstützen, und was da im Unterricht gelehrt wurde, habe ich nicht verstanden. Fazit: Noten immer zwischen 3 und 5. Mathematik grundsätzlich 5. Ich war wahrlich kein Streber. Ich kann dir nur Folgendes empfehlen: Wenn du mal nicht weiterweißt oder down bist, weil irgendwas nicht gut läuft, dann denk an die Zeit zurück, in der dein Leben wirklich übel war. Als du verzweifelt warst. Schnell wirst du dann einen Weg finden, eine Lösung für deine Probleme, und es wird dir bald wieder gut gehen.

Die »Bald-ist-Weihnachten-Motivation« nutze ich auch sehr oft für mich. Jedes Jahr im Dezember nehme ich mir zwei bis drei Stunden Zeit, sitze in meinem Büro und suche im Internet nach bunten Bildern, die für Ziele und Träume stehen, die ich mir im nächsten Jahr erfüllen möchte. Das können materielle Dinge sein oder auch ganz persönliche. Es geht mir einfach um die positiven Vorsätze, die Ziele, die ich erreichen möchte. Ich möchte mich weiterentwickeln.

Neue Fähigkeiten erlernen. Raus aus meiner Komfortzone. Zugleich mehr in mich selbst investieren. Mich stärker machen. Auf Reisen gehen. Noch mehr Sport treiben. Jeden Tag das tun, worauf ich Lust habe. Neue Menschen aus mir fremden Ländern treffen. Gesund essen. Neue Ziele entwickeln. Noch effizienter werden. Vielleicht sogar hin und wieder noch freundlicher sein. Das sind Dinge, die mir wichtig sind. Aber natürlich gibt es auch materielle Anreize. Ich sitze dann da wie ein kleiner Junge und schneide die bunten Bildchen aus. Ich habe zum Beispiel in der Vergangenheit eine tolle Uhr ausgeschnitten und auf meine Liste geklebt, ein Luxusbett, eine tolle Reise nach Miami, die Teilnahme bei *Ninja Warrior Germany* oder eine Waage, die für Gerechtigkeit im Leben steht. Für das letzte Jahr habe ich mir vorgenommen, mehr Zeit mit meinen engsten Kumpels zu verbringen, dafür habe ich eine Comic-Illustration von vier Freunden ausgeschnitten und auf meine Liste geklebt. Auch ein Grundstück habe ich als Bild aufgenommen. Weil es mein Traum war, ein eigenes Haus auf Mallorca zu bauen. Alle Ziele habe ich erreicht. Das Grundstück habe ich gekauft, das Haus ist gerade in Planung. Es wird eine Marcel Remus Lifestyle Finca, die ich an ausgewählte Interessenten als Feriendomizil vermiete. Wenn jemand ein oder zwei Wochen zehn Minuten von Palma entfernt in einer coolen Finca mit vier Schlafzimmern, vier Bädern, Designerküche, Luxusausstattung und Pool mit Wasserfall verbringen möchte, dann kann er diese Finca mieten. Das war schon immer mein Traum und den habe ich mir erfüllt.

Auf meiner Liste ist auch ein durchtrainierter Körper abgebildet, der mich jeden Tag aufs Neue motiviert, ins Fitnessstudio zu gehen und Gas zu geben. Fit sein und klar im Kopf, das ist wichtig, um im Leben wirklich erfolgreich zu werden und allgemein mit sich selbst im Reinen zu sein. Natürlich habe ich nach einem langen Arbeitstag, viel Rennerei, Hausaufnahmen, Kundenterminen, Immobilienbesichtigungen und Buchhaltung keine Lust mehr, ins Fitnessstudio zu gehen. Aber ich raffe mich auf, schaue kurz auf meine Motivationsliste und schon geht es los. Immer weiter. Das Fitnessstudio ist ein guter Ersatz für das Reiten. Nicht vergleichbar, aber mir reicht es. Ich versuche, fünfmal pro Woche jeweils 30 Minuten meinen ganzen Körper zu trainieren. Dazu nutze ich ausschließlich mein Eigengewicht. Viele Liegestützen und Klimmzüge. Ich konzentriere mich grundsätzlich immer auf mich. Das mag vielleicht ein bisschen egoistisch und arrogant klingen, aber das bin ich keineswegs.

Es geht einfach darum, nicht links oder rechts zu schauen. Sich nicht abbringen zu lassen vom eigenen Weg und vom Ziel. Das persönliche, eigene Glück besteht darin, zu leben wie alle Welt und doch wie kein anderer zu sein. Das Vergleichen ist das Ende des Glücks und der Anfang der Unzufriedenheit. Leider haben das sehr viele Menschen im Leben nicht verstanden. Deshalb liebe ich meine Philosophie der fünf As. Da ich sowieso alles anders mache als alle anderen, ist es für mich nicht interessant, auf andere zu gucken. Ich habe mal gehört, dass man sich mit Menschen umgeben sollte, die mehr haben als man selbst, die erfolgreicher sind, zu denen man aufschauen kann. Ich finde, das ist Quatsch. Ich suche mir ja meine Freunde nicht danach aus, welche Position sie in der Gesellschaft haben oder wie viel sie besitzen. Auch den

Spruch »Zeige mir deine Freunde und ich sage dir, wer du bist« halte ich für falsch. Ich habe ehrlich gesagt schon mein ganzes Leben lang Probleme damit, echte Freunde zu finden. Es ist alles so oberflächlich geworden. Ich stehe seit über zehn Jahren in der Öffentlichkeit und viele Menschen haben über die Medien Einblick in mein Leben, meinen Beruf und meine Karriere bekommen. Natürlich entstehen da schnell Vorurteile, jeder hat seine Meinung, ein eigenes Bild. Viele wollen von meinem Erfolg profitieren, sie versuchen, eine Freundschaft mit mir aufzubauen, weil sie wissen, dass ich ein interessantes Netzwerk habe und Kontakte zu prominenten oder extrem vermögenden Menschen. Es ist nicht immer ganz einfach, herauszufinden, ob jemand es wirklich ehrlich meint. Aber mittlerweile habe ich dafür ganz gute Antennen. Lustigerweise habe ich gerade in den Monaten Juni und Juli – zum Zeitpunkt meiner Remus Lifestyle Night – erheblich mehr »Freunde« als im Rest des Jahres. Ich werde plötzlich von Menschen zum Kaffee oder zum Essen eingeladen, die sich sonst nie melden. Die mir weder zum Geburtstag gratulieren noch zu Anlässen wie beispielsweise Weihnachten oder Neujahr oder einfach mal nur so schreiben. Sätze wie diesen kann ich nicht mehr hören: »Anfang August bin ich ganz zufällig wieder auf Mallorca, wann ist deine Party noch mal genau?« Aber nach all den Jahren und auch mancher Enttäuschung weiß ich damit umzugehen. Man lernt eben dazu, lernt aus seinen Fehlern. Ein wichtiges Prinzip, das sich aus meinen Erfahrungen ergeben hat, ist, dass ich grundsätzlich keinem Geld leihe. Darüber könnte ich noch ein ganzes Buch schreiben: Meine größten Enttäuschungen ...

Ich gebe zu, ich bin kein einfacher Mensch. Immer on fire, immer muss alles schnell, schnell gehen. Ich treibe mich selbst bis ans Limit und fordere mich damit jeden Tag aufs Neue heraus. Damit kommen nicht alle klar. Auch mein Humor ist nicht jedermanns Sache. Stets ein lustiger Spruch auf den Lippen, aber oftmals sehr trocken. Manchmal zu trocken. Aber wer mich kennt, weiß, wie ich das meine. Wenn mir Menschen nicht folgen können oder zu langsam im Kopf sind, bin ich schnell gelangweilt. Langsamkeit macht müde. Dennoch liebe ich es, neue Menschen kennenzulernen und Dinge auch mal aus einem anderen Blickwinkel zu betrachten. Manche halten mich für verrückt. Aber für mich gehört zu einem glücklichen Leben auch ein gewisser Grad an Verrücktheit. Alles andere wäre doch total langweilig. Und das Schlimmste für mich ist Langeweile. Mir ist nie langweilig. Ich kann mich hervorragend mit mir selbst beschäftigen und ich liebe auch Tage, an denen weniger los ist und ich über das Leben und all die Dinge, die in meinem Leben passieren, nachdenken kann. Leider gibt es zu wenige ruhige Tage. Ich bin jeden Tag dankbar dafür, dass ich mich um meine Mutter kümmern kann, dass ich meinen Hund Buddy aus dem Tierheim retten konnte, dass ich Sport machen und meine Tage so gestalten kann, wie ich es möchte, ohne jemanden fragen zu müssen. Klingt vielleicht ein bisschen kitschig, ist aber so.

Ich halte es für sehr wichtig, auch mal die Schattenseiten des Lebens kennenzulernen. Das muss sein. Das muss jeder durchmachen, der richtig erfolgreich werden will. Natürlich kann das unangenehm sein. Es ist sogar richtig mies, wenn man in der Schule gehänselt wird, weil jeder weiß, dass man aus finanziellen Gründen aus der tollen Villa ausziehen musste. Kinder können da eiskalt sein. Aber man lernt auch etwas dabei. Es ist eine Lehre fürs Leben.

> Es hilft ungemein, zu jeder noch so guten Zeit auf dem Boden der Tatsachen zu bleiben.

STATT EINES NACHWORTS …

… habe ich hier noch sechs wichtige Punkte für dich, die dich darin bestärken sollen, in jungen Jahren auf volles Risiko zu gehen, so wie ich es damals gemacht habe. Dich nicht abbringen zu lassen, obwohl dir vor lauter Respekt und Panik die Knie zittern:

1. Du hast so gut wie keine Verantwortung! Wenn du jung bist, hast du bei Weitem weniger Verantwortung als in späteren Jahren. Keine Familie, keine wichtigen Alltagsverpflichtungen. Du bist frei und kannst für dich selbst bestimmen, entscheiden und sprechen.

2. Risiken machen dich zu einer echten Persönlichkeit. Du wächst mit deinen Aufgaben, auch wenn dir mal Fehler unterlaufen. Du lernst dabei und machst deine eigenen Erfahrungen, die dich im Leben richtig weit bringen werden. Du kannst nur gewinnen, auch wenn manches nicht einfach ist oder du in der ein oder anderen Situation

nicht weißt, wie es weitergehen soll. Es wird weitergehen. Und irgendwann lachst du über diese Situation, die damals für dich ausweglos schien.

3. Go for gold: Du hast ungeheuer viele Möglichkeiten. Du bist jung, dynamisch, hast Power und Energie. So viel, wie du sicher nie mehr haben wirst. Schon gar nicht, wenn du mal 50 oder 60 Jahre alt bist. Entscheidungen triffst du schneller, weil du weniger nachdenkst, und das kann manchmal von Vorteil sein. Wenn man jung ist, handelt man oftmals, ohne groß abzuwägen, ob es gut oder schlecht ist. Die Zeit wird es dann zeigen.

4. Ego-Risk: Mit Ego-Risk meine ich das Selbstbewusstsein, das du erlangst, weil du dich etwas getraut hast. Du hast dich aus dem Fenster gelehnt. Du bist über deinen Schatten gesprungen. Du hast für dich persönlich eine Entscheidung getroffen. Du bewegst dich nach vorne. Das stärkt dich und festigt deine Persönlichkeit. So gewinnst du auch an Selbstbewusstsein.

5. Tschüss, liebe Komfortzone: Manchmal muss man über seinen eigenen Schatten springen, um neue Wege zu gehen. Um neue Erfahrungen zu sammeln. Um mal einen anderen Blickwinkel

einzunehmen und auch mal anders an Dinge heranzugehen. Das fällt einem aber oft leichter, wenn man noch jünger ist. Es liegt alles an dir. Willst du im gleichen Trott weitermachen wie immer? Oder meinst du nicht, dass es sich lohnt, mal über den Tellerrand hinauszuschauen? Eine spannende Zeit könnte dir dann bevorstehen. Zeig deinem Umfeld, dass du den Mut dazu hast. Attacke!

6. Wer nicht auffällt, der fällt weg: Geh andere Wege, wage das Risiko. Trau dich! Nur so kannst du auffallen und hervorstechen.

DANK

Ich bedanke mich ganz herzlich bei allen Menschen, die an mich geglaubt haben, bei meinen echten Freunden, meiner Familie und meinen Kunden. Mein größter Dank und mein vollster Respekt gehen an meine Eltern. Ihnen widme ich auch dieses Buch. Ohne ihre solide und bodenständige Erziehung wäre ich heute ganz sicher nicht da, wo ich bin, und hätte mich nie zu dem entwickelt, der ich bin.

Und last, aber definitiv not least: Danke an meine unzähligen Neider, die mich auf meinem Erfolgsweg täglich begleiten, und die lieben Maklerkollegen auf Mallorca, die nicht aufhören, vor Kunden schlecht über mich zu reden und leider immer noch nicht verstanden haben, dass sie sich dadurch selbst in ein schlechtes Licht rücken. Euer Neid ist meine Motivation! Ich liebe es!

Grenzenlos erfolgreich

Dr. Julian Hosp

Höher, schneller, weiter – das ist die Maxime, nach der heute gelebt wird. Doch wie kannst du angesichts der vielen Ansprüche, die an dich gestellt werden, als Mensch noch vollkommene Zufriedenheit, absolutes Glück und ultimativen Erfolg erleben? Jeder, der darüber nachdenkt, sein Leben zu verändern, weiß, dass der erste Schritt der schwierigste ist. Damit die Veränderung gelingen kann, hat Julian Hosp seine über Jahre gewonnenen Erfahrungen als Arzt, Profi-Sportler, Blockchain-Experte und Top-Unternehmer zu einem 30-Tage-Programm zusammengestellt. Indem es die Ursachen, nicht die Symptome behandelt, unterstützt dich *Grenzenlos erfolgreich* Tag für Tag dabei, alte Muster loszulassen und so den Durchbruch zu schaffen.
Dieses einzigartige Programm bringt dich in den Bereichen Beziehung, Gesundheit, Finanzen, Business und Lernen auf das übernächste Level.

640 Seiten | Softcover | 24,99 € (D) | ISBN 978-3-95972-158-5